VOCÊ ME VIU POR AÍ?

CRISTIANA A CASTRUCCI

VOCÊ ME VIU POR AÍ?

A BUSCA DA IDENTIDADE DEPOIS DO CÂNCER

Prata
EDITORA

São Paulo-SP
Brasil

Todos os direitos reservados à
Prata Editora e Distribuidora Ltda.

ISBN 978-85-86307-53-9-

Editor-Chefe: Eduardo Infante
Projeto Gráfico e Direção de Arte: Julio Portellada
Preparação e Revisão de Texto: Flávia Portellada
Diagramação: Estúdio Kenosis
Colagens: Luisa Maria Altilio
Fotografias: Maristela Acquaviva

Dados Internacionais de Catalogação na Publicação (CIP)
(Câmara Brasileira do Livro, SP, Brasil)

Castrucci, Cristiana A.
  Você me viu por aí? : a busca da identidade depois do câncer / Cristiana A. Castrucci. — 1. ed. – São Paulo : Prata Editora, 2013.

  1. Câncer em mulheres 2. Câncer em mulheres — Aspectos psicológicos 3. Depoimentos 4. Histórias de vida I. Título.

13-09404   CDD-155.633

Índice para catálogo sistemático:
1. Mulheres : Busca da identidade depois do câncer : Psicologia 155.633

Prata Editora e Distribuidora
www.prataeditora.com.br
sac@prataeditora.com.br
facebook/prata editora

É PROIBIDA A REPRODUÇÃO

Todos os direitos reservados ao autor, de acordo com a legislação em vigor. Proibida a reprodução total ou parcial desta obra, por qualquer meio de reprodução ou cópia, falada, escrita ou eletrônica, inclusive transformação em apostila, textos comerciais, publicação em websites etc., sem a autorização expressa e por escrito da autora. Os infratores estarão sujeitos às penalidades previstas na lei.

Impresso no Brasil/*Printed in Brasil*

AGRADECIMENTOS

Aos meus pais, meus ouvintes, meus conselheiros, meus protetores, meus cuidadores, minha tranquilidade, minha paz, minha segurança.

Aos filhos da minha alma, do meu espírito e da minha luz! Meus do querer, do coração, do ventre, da paixão, da alegria, da dor, da amizade, da vida.

Seres do meu ser, que respiram meu ar, que se alimentam da minha jornada e caminham ao meu lado.

Ao meu companheiro, meu parceiro, meu amigo, minha paciência, minha luta.

Obrigada a todos pelo amor, pela cura, pelo olhar, pela palavra, pela mão, pelo sorriso.

Amo vocês!

SUMÁRIO

INTRODUÇÃO..13
DESABAFO E RECONHECIMENTO..19
O INÍCIO..21
ONDE ESTAVA EU?...25
O DESCONTROLE...27
ALMA DE AMIGO..35
AS DUAS...37
FILHOS...41
O ENCONTRO...43
A ESPERA!..47
EX-COLEGA..49
EU, VOCÊ, NÓS...51
DEPOIMENTOS...57
    Alessandra Denadai Vitali Blum..59
    Claudia Biasetton..67
    Luisa Maria Altilio...75
    Maria Clara Marrey...85
    Maria Cristina Tedeschi..95
    Marina Penteado Ferreira...105
    Marina Romiti Kfouri..113
    Mônica Acquaviva..121
    Renata Klein...131
    Sandra Prates Nogueira..141
FINAL...153
O CÂNCER E A RESSURREIÇÃO..155
COLABORADORAS...161

a Autora

CRISTIANA A CASTRUCCI
49 ANOS
EMPRESÁRIA
CASADA
3 FILHOS

Formada em Administração de Empresas pela Fundação Getúlio Vargas e pós em *latus census* em Crítica de Cinema. Trabalhou como empresária em indústria alimentícia até 2009, quando se juntou ao primo Marcelo Gama, músico e diretor artístico, fundando o Instituto Gama de Arte, onde trabalham na profissionalização de jovens artísticos na área de canto, dança e música, com parcerias na Áustria e Alemanha. Viajou o mundo atrás da arte e do esporte, suas grandes paixões, acompanhando os filhos e jovens artistas.

Teve câncer de mama em 2011 e resolveu escrever este livro para ajudar aquelas que não tem condições de fazer exames para detectação precoce de tumores.

INTRODUÇÃO

É engraçado como me sinto hoje! Cheia de energia e esperança.
Mais do que o normal. Parece que correr contra o tempo faz parte deste novo processo que estou vivendo, cercada de pessoas que me amam, novas amizades que me complementam, novos horizontes a serem descobertos, grandes talentos internos nascendo, projetos em andamento e uma vontade louca de contar ao mundo o que fiz para chegar aqui.

E não é que cheguei com méritos, eu simplesmente cheguei. Mas com uma substancial diferença: quero fazer parte do mundo e somar àqueles a quem posso ajudar.

Se Deus me deu uma bênção, quero oferecer várias aos que ainda não a alcançaram com a mesma disposição que esta vida me deu e a luz que aprendi a aceitar como verdadeira e única. Eu posso, eu quero, eu consigo... logicamente, com uma ajudinha Dele, o Todo Divino, não é?

Bem, se minha história foi, por assim dizer, difícil emocionalmente, mas grandiosa nas conquistas, nada mais justo do que dividi-la com outras mulheres, e particularmente com aquelas que também buscam respostas e soluções para algo que não podemos controlar.

Resolvi escrever este livro para contar como uma história dolorosa pode se tornar cheia de vida, esperança, alegre, leve e divertida.

Eu li tanto, e nada do que encontrei me mostrava o lado solto desta fase que passei, algo com o qual pudesse dividir ou somar, inclusive com os familiares. Queria ler algo que me ajudasse a compreender o que se passa dentro de nossas almas, para tratar tudo com mais leveza e positivismo. Para ser sincera, não gosto muito dos "olás" que vêm do sarcófago, quase já te enterrando, loucos por uma notícia que possa servir de assunto para opinião pública na rede social.

Então, diante disso, decidi escrever. Procurei uma amiga querida, Maristela, e a convidei para fazer um relato, com fotografias, das personagens que assumimos quando estamos passando pelo conturbado período pós-cirúrgico, quando não compreendemos a nova pessoa que irá nos habitar por uma determinada fase até que possamos nos encontrar mais poderosas e fortes, donas de nós mesmas, sem medos e frustrações.

Daí foi um passo único para uma viagem sem fim, pois conheci a Luisa, hoje minha grande amiga, que logo se entusiasmou com o projeto, contando sua história e contribuindo com suas lindíssimas poesias e prosas em colagens, para lá de divinas!

Pronto: tudo arranjado, fomos à luta. Cada qual com sua função, somando nossos trabalhos para que um livro pudesse nascer e ser apresentado para o público, principalmente o feminino, mostrando que todas as histórias são iguais, a minha é a sua, e a sua é a nossa... a minha cara é a sua e a nossa, e a de todas que lutam pelo mesmo ideal: viver da melhor forma possível e com intensidade verdadeira, entregue de corpo e alma àqueles que precisam de nós.

E não é que deu certo???

Estou aqui, então, com a responsabilidade de introduzir o leitor nas diversas viagens que contribuíram para que este livro viesse a ser a alma de identificação mútua de histórias fantásticas em mundos distantes, onde príncipes e rainhas existem, onde a mágica sobrepõe todas as certezas e a fé, com toda a alegria de percorrer um caminho mais fácil do que nos é apresentado.

Por fim, reunimos depoimentos de amigas, e das amigas das amigas, e outros mais, de amigas das amigas das amigas... e, com muita satisfação, chegamos a uma só conclusão: somos todas iguais em essência e na alma lutadora e desbravadora de novos caminhos, onde os espinhos e os precipícios se transformam num lindo bosque de flores trazendo harmonia às nossas histórias.

Assim, tudo fica mais fácil.

Agradeço a Deus, todos os dias, por estar viva, e o que eu puder fazer para ajudar uma alma, eu farei, seja em sua conscientização, seja em sua busca ou sua reconstrução.

Espero que de alguma forma, você, minha alma parceira nesses mistérios, encontre aqui uma história e se identifique e que isso possa levá-la ao mesmo lugar que o meu: à paz de espírito e à certeza de que chegaremos lá!

Minha história começa com um e-mail que enviei para algumas amigas explicando o que estava acontecendo comigo. Através dele, tive a gratificante surpresa de perceber o quanto estamos acompanhadas — mesmo por aquelas que não falam ou não se expõem — estamos cobertas por um amor infinito, que cura e que nos leva a um estado mais natural do ser!

Querida,

Sinto que estou distante de você este ano, me coloquei de lado, sempre na defensiva, o que não fiz diferente de todos que amo!

São exaustivos dias que não passam, com esperanças de melhora, são frustrações, desânimos, alegrias, tentativas... e assim tem sido meus dias... sempre tentando me fortalecer para ficar de pé.

Não é fácil para alguém que não consegue, nem de longe, entender este processo. Acho até que é muito difícil sequer imaginar que mundo é este em que vivo, tão distante, tão incompreensível, intocável, incurável e sem solução!

Pois é!

Parece assustador, mas não é! Só quem sabe é quem vive neste mundo. Por isso te escrevo, para que você possa entender estas minhas atitudes de idas e vindas... de altos e baixos... de gordos e magros...

Na realidade, ainda nem fui e nem fiquei...

Estou ainda tentando me achar, saber onde estou, a que grupo pertenço, para que lugar eu vou e até que comida devo comer... e, ainda, descobrir qual a melhor droga para a porcaria desta coisa que tenho, que nem o "psica" consegue solucionar!

Preciso ficar forte e por esta razão me afasto para que não vejam o quão frágil estou, o quanto têm sido duras as minhas viagens, o quanto meus filhos têm sofrido, e o Pi, nem se fala... tenho vivido dias muito difíceis, me esforçando para apoiar minha família, que não sabe mais o que fazer! Quase uma merda! Heheheheheheh... mas cheirosa!

Visto bem uma personagem, mas o feitiço dura pouco e viro abóbora rápido... Entende?

"Sorry" por esta instabilidade que demonstro em nossa amizade, sorry por não ser uma boa companheira, por até querer, sem palavras, sua atenção... por ser egoísta e imprópria!

Ainda estou muito carente e sozinha...

Conversei muito com minha família — mãe, pai, irmã, marido e filhos — e agora você, minha querida amiga, que não vejo faz muito tempo, só socialmente... mas que adoro e que mora no meu "cuore"!

Minhas amigas antigas, na sua maioria, não perceberam e não perderam nada! Para as novas, sou sem passado; mas a algumas, à minha família, preciso pedir perdão pela minha ausência, fraqueza e que não me abandonem porque já estou quase me achando e me resgatando, mas ainda precisando de amor para ficar dez!

Ebbbbba!!!!!

Beijo grande, querida

Love u

Cris

E para minha surpresa — ou talvez surpresa nenhuma —, recebi todo amor que tanto precisava das minhas amigas companheiras por e-mail, um meio de comunicação capaz de transgredir todas as normas e padrões de sentimentos e emoções!

Selecionei parte das respostas na tentativa de mostrar que, quando estamos perdidas, sempre temos com quem contar para nos ajudar a encontrar o caminho de volta para casa, mesmo que seja difícil e amargo este retorno.

Resolvi fazer uma homenagem àquelas que estiveram ao meu lado, não interessa de que maneira, muito ou pouco, mas com intensa qualidade e precisão.

Obrigada, minhas queridas! A vocês, todo o meu carinho, respeito e admiração.

"Amiga querida,
Querida de carinho, de amor de lembranças passadas, vida presente e vitórias futuras. Vitórias da minha amiga guerreira, forte e bonita de quem nunca estou distante. Cris, você está sempre no meu coração. Sei que você está reagindo. Botando a cabeça para fora da água e brigando por seu espaço. VOCÊ É E VAI CONTINUAR SENDO MINHA AMIGA QUERIDA DE HOJE, AMANHÃ E SEMPRE. Lvyu"

• • •

"[...] fico feliz por fazer parte das pessoas queridas da sua vida, você é da minha, tenha certeza... Sei que você está passando um momento difícil e realmente só VOCÊ sabe o que tem passado, uma dor que você tem que carregar e seguir em frente e você vai conseguir, amiga, e como te falei, conte comigo. Fica firme, você é uma guerreira e vai superar! Quem te ama gosta de você de qualquer jeito!!! ♥U, conte comigo!"

• • •

"Oi, Cris querida,
Não se preocupe em se desculpar comigo.
Você sabe que eu te amo e a todos os seus, e que mora no fundo do meu coração.
Sabe também que pode contar comigo "para o que dé e vié", não sabe?
Que Deus te proteja e abençoe!"

• • •

"*Amiga, você mora no coração!!!*
A vida é assim mesmo, às vezes podemos estar juntas e às vezes, não.
O que importa é sabermos lá no fundo que, quando nos revemos, o sentimento é o mesmo. Você é linda. Generosa. E querida.
Luv uuu!!! Forever. Bjsssssss."

• • •

"*Amiga, você se cobra demais!!! Te amo incondicionalmente e não quero te cobrar nada!!! Esse ano tem sido difícil para todos, as mudanças são gerais e estamos todos por um fio... Não tem jeito, vamos ter todos que achar uma nova forma de ser e fazer... Não se sinta triste por não estar por perto, mesmo de longe você está aqui!!! Sempre esteve!!! Te Love u a lot baby!!! Estamos todas deliciosamente piradas!"*

• • •

"*Minha irmã, amada e querida Cristiana — me dei conta de que este é um nome forte. É uma alegria constante estarmos sempre tão juntas, tão unidas e bastarmos uma a outra, que Deus me permita estar sempre pronta para lhe dar ainda mais conforto quando você precisar, antes mesmo que você tenha que levantar uma mão ou uma bandeira de socorro me alertando. Preciso e quero estar sempre ao seu lado. Compreendo bem a sua difícil batalha, mas como toda batalha tem um fim, me alegra já vê-la chegar ao fim, fim de um túnel, onde a luz está próxima e é azul brilhante ou, quem sabe, esverdeada, como seus olhos.*
Te amo muito e você também me faz ainda mais feliz. Sucesso nas suas conquistas, nas sua paixões, no seu LAR e na vida. Merecemos!!!!!"

• • •

"*Você sabe que estou sempre aqui, é só gritar.*
Tenho uma frase que norteia bem as confusões existenciais nas quais me meto. Ama-me quando menos eu merecer, pois é quando eu mais preciso. Eu e minha família amamos você e estaremos sempre a postos quando quiser e puder.
Love u 2"

• • •

> *"Que bom que você escreveu! Que bom que você está aqui, lutando, tentando, amando. Ainda está aqui porque não se entrega, porque não desiste, porque busca respostas e soluções… e curas. É assim que a vida tem graça! Morno não é para você. Quanto à nossa amizade, você não precisa me explicar nada. Amigo é essa coisa boa, que não pede explicação, que aceita e ama você do seu jeito e que tem uma dimensão diferente do tempo. A gente pode ficar alguns anos sem ver o amigo e quando encontra, está tudo igual, em sintonia, com aquela vontade de ficar mais. LOVE U TOO! Um beijo grande e um abraço bem demorado."*

> *"Vou te falar uma coisa de coração: nem se preocupe em ficar 10, acho que NINGUÉM nunca vai ficar, então, tire essa meta impossível de ser atingida.*
> *Depois, você acha que é a única pessoa do mundo a se sentir assim, esse privilégio não é só seu, não é a primeira, nem vai ser a última a ter essas crises de identidade e, sabe de uma coisa, aproveite para ir se conhecendo melhor…*
> *E vou te dizer mais uma coisa: gosto de você exatamente como você é, sem tirar nem pôr… Só que agora sou eu que devo te pedir perdão por não estar tão presente na sua vida, mas acho que isso é totalmente desnecessário, estamos na mesma sintonia e é isso que importa. Beijos muito carinhosos."*

DESABAFO E RECONHECIMENTO

Estranho como as coisas ficam confusas num determinado momento da sua vida. Parece que tudo está de pernas para o alto, e passamos a enxergar as coisas ao inverso, 180 graus, totalmente no modo antônimo!

O branco se torna preto de uma hora para outra, e neste exato momento perdemos a capacidade de ver qualquer luz, por menor que seja!

Acho que passamos a viver num momento *dark*, surrealista, com o objeto a ser estudado em distorção constante.

Toda esta explanação é só para demonstrar mais uma teoria sobre uma pessoa que esteve ao meu lado 24 horas por dia, 7 dias por semana, todos os meses, incansavelmente, tentando me segurar por qualquer canto em todo espaço que eu ocupava.

Na parceria cega de minhas opções quanto ao tratamento e a escolha de meus médicos, incondicionalmente, sem questionamentos, até na minha decisão de como tocar a vida depois deste grande evento, me respeitando e me amando de maneira singela, pura e confiante.

Não permiti invasões, não permiti carinho, não permiti qualquer sinal de paz!

Fui dura comigo e com qualquer um que estivesse ao meu lado. E endureci mais ainda quando percebi que meu mundo desabou, que meus questionamentos ultrapassaram minha capacidade de julgamento e assumiram um papel crucial na percepção da realidade.

É como se todas as caixinhas guardadas e acumuladas durante toda a vida — aquelas em que você coloca seus problemas, aquilo que não quer mais resolver ou até que já foi resolvido — de repente caíssem em sua cabeça ao mesmo tempo, abrindo todas as tampas, misturando todas as indagações trazidas durante essa nossa curta passagem até aqui.

O que não quer dizer que tenhamos perdido nossa capacidade de discernimento em sua totalidade!

Procurei minha zona de conforto, pois aquela que não me agrada por ter que enfrentar a verdade, por mais simples que seja, não me faz sentir tranquilidade.

Minha zona de conforto era longe daquele que julguei ser a causa de todos os meus problemas, inclusive, a causa da minha doença.

Estranho como isso acontece de maneira muito rápida, pois quando percebemos, já estamos em posição de defesa e ataque severo.

Acho, no fundo, que temos que culpar alguém nessa história, principalmente no começo, onde estamos totalmente perdidas e desamparadas de nós mesmas.

Meu parceiro é leal e fiel ao compromisso de cura! Mas em determinado momento, nos sentimos traídas, não sei bem o porquê, mas digo com a boca cheia, que o relacionamento despenca de uma altura inacreditável, desmontando toda a base que construímos durante a vida juntos.

A fundação parece que enfraquece e fica abalada por qualquer vento que sopre de qualquer direção.

Assumi uma posição agressiva e dura, mas hoje, depois de muito tempo, percebo que este vendaval passa e que a pessoa em questão ainda continua ao meu lado, parecendo intacta, mas totalmente desmontada pelo tsunami que passou em sua vida.

Nosso relacionamento tripudia e se perde, mas podemos tentar recapitulá-lo, resgatar as páginas soltas e tentar viver uma nova história, sem alguns capítulos, sem um final, mas pronta para ser reescrita, caso seja necessário!

Regra única: não precipite suas ações e não espere o regaste imediato de seu parceiro. Assim, você não se frustrará tanto!

O INÍCIO

A coisa toda é muito rápida, tanto que, quando você se depara com você mesma, já está no meio de um caminho, acordando de um pesadelo e não sabe nem por onde tudo começou. São tantas as opções que, em vez de buscarmos uma solução, nos perdemos ainda mais, nos perdemos no meio de tantas opiniões, de tentativas, de acasos, de trapaças, de enganos, de promessas, de esperanças... uma enorme quantidade de "des".

Foi no meio disso tudo que me encontrei um dia, do nada, perdida, querendo saber onde estava, de uma maneira desesperada!

Para minha surpresa, achei uma outra EU! Uma segunda pessoa, Donatella.

Parece que, em 24 horas, sofri todas as transformações necessárias para perder minha própria identidade!

De repente, quando fui tomar banho e me olhei no espelho, gritei: "Cadê eu?".

Era uma outra pessoa que estava sendo refletida através de uma imagem distorcida, completamente desconhecida em forma e tamanho... me lembro que busquei alguém atrás de mim... Que frustração!

— Donatella, quem é você? Onde está a Cris?

— Hahahahah! Dançou! Ela se perdeu e eu ocupei o lugar dela!

— Como assim?

— Vá se acostumando, queridinha, agora somos nós duas: eu e você!

— Não! Como assim? Eu quero EU agora, me traz de volta!

— Querida, hellooooooou! Tô aqui, *amore*!

E assim começaram meus dias de tormenta, de desespero sem esclarecimento algum do ocorrido, com uma sensação de abandono, irreconhecível aos olhos dos outros — e isso não estava me parecendo nada fácil, e havia uma certeza de que outros dias como esse viriam e que não teriam mais fim! Donatella disse que veio para ficar — o que, incrivelmente, aconteceu por um longo período da minha vida.

Fui dormir muito preocupada com a minha capacidade racional de discernimento lógico do meu EU. Resolvi, então, pegar uma garrafa de vinho e me embebedar até que o sono me agarrasse e me conduzisse mansamente para minha cama, meu leito seguro.

No dia seguinte, nem me atrevi a me procurar no espelho, parece que eu já sabia o que encontraria. Então, para meu espanto, quando olhei para baixo, na direção dos meus pés, vi minhas pernas sustentando meu tronco e percebi que elas já não me pertenciam mais. Fui invadida por uma sensação completamente estranha, e mesmo sem me observar ao certo, talvez até por medo, descobri que não sabia mais como deveria me conduzir nesta nova jornada.

Ocupações simples, como o que vestir, como me pentear, como me maquiar ou como andar, perderam o sentido.

Foi nesse instante que tomei a decisão de acionar minha "ultra-super" sensibilidade para optar pelo que fosse mais confortável e, para minha total decepção, encarei o tipo guerrilheira, com roupas largas, sapatos de salto alto... o que achei, de início, uma atitude despojada e divertida, mas, convenhamos, não tem nada a ver com o meu tipo executiva, não concorda?

Aquilo só podia ser uma brincadeira comigo mesma, então, resolvi relaxar e ver no que daria esta minha nova experiência quase teatral.

E assim se passaram meus primeiros dias, trocando o estilo do guarda-roupa, como se houvesse alguém mandando em mim! Eu, que sempre fui tão independente, segura de mim mesma, agora estava sendo comandada e dirigida por uma pessoa que mal sabia quem era de fato!

O mais incrível são as variações de humor.

Percebemos, de fato, que deixamos de ser nós mesmas quando somos diagnosticadas com câncer e é formada, pela primeira vez, uma junta médica e terapêutica, que decidirá sua vida, seu rumo e seu futuro.

Oncologista, mastologista, cirurgião plástico, psiquiatra, terapeuta familiar, nutricionista, enfermeiras, novos tratamentos, novas regras, novos medicamentos, novas condutas.

Perdi a noção de quando, exatamente, tudo isso começou... talvez no dia em que resolvi fazer meu exame de mamas.

Depois que decidimos (digo isso no plural porque já não foi uma decisão minha e sim conjunta, formada por opiniões de profissionais e familiares) fazer a reconstrução mamária após a retirada de um quadrante do meu (ou "nosso") seio pelos meus queridíssimos Dr. Maravilha e Dr. Belezera, ficou acordado entre todos que qualquer tratamento que eu fosse fazer começaria apenas depois das férias, já que eu tinha o compromisso de levar meu filho do meio para morar fora, acomodá-lo da melhor forma possível em quinze dias para que conseguisse cumprir a jornada de quase cinco anos com a qual ele havia se comprometido!

Porém, durante a conversa, a seguinte frase me foi jogada no consultório do meu querido Dr. Belezera:

— Se eu fosse você, eu parava de fumar!

— O quê? Parei! Que medo! Mas como?

Mas esta história vou deixar para contar mais tarde, pois merece um grande parágrafo.

Não posso deixar de falar dos meus "doutores do coração", o Dr. Maravilha — que dizem ter usado até "pó de pirlimpimpim" para que minha mama ficasse fantástica, e realmente ficou —, querido demais! Sua amizade é eterna, seu carinho infinito e a certeza de que tudo iria voltar ao normal contribuíram para o meu sucesso e me trouxeram a certeza de que tenho um grande amigo!

Já o Dr. Belezera, que um dia me disse a seguinte frase: "a vida é um constante equilíbrio do desequilíbrio", me pegou pela mão, tocou minha alma, me deu esperança, mostrou meu futuro, me trouxe segurança e conforto, tudo aquilo que em tão poucas palavras não conseguiria exprimir... sua luz me segurou.

Todo cuidado se fazia necessário, então, foi preciso buscar mais ajuda médica. Uma equipe psiquiátrica do hospital passou a me auxiliar no tratamento antifumo, e um "Dr. Fritz da vida" — que fazia milagres na acupuntura —, também colaborou para que eu atingisse o sucesso. Médicos e mais médicos...

Em uma semana, já estava agradecendo a Deus por todas as bênçãos recebidas, havia trocado os curativos, parado com meu velho hábito de trinta anos, o cigarro, feito as malas, preenchido todos os documentos necessários para que meu filho fosse morar nos Estados Unidos e acalmado meus lindos pais, dizendo que tudo estava tranquilo, sob controle, e que já estava voltando a fazer alguns exercícios, inclusive, caminhar!

E, como era de se esperar, em quinze dias estávamos todos juntos — eu, minha família e mais uns poucos agregados — em um lugar delicioso, tentando respirar e assimilar tudo que havia acontecido nas últimas semanas...

Mal sentávamos para conversar entre tantos afazeres, os campeonatos de golfe, as atividades dos filhos, os compromissos com a nova vida, mas conseguimos passar dias muito tranquilos, tentando reconstruir a unidade familiar, recuperando a segurança e promovendo a esperança sem anseios para que continuássemos nossas vidas de onde havíamos parado. Realmente foram dias inesquecíveis divididos entre alegrias, diversões e grandes momentos.

> Agir como se nada tivesse acontecido. Primeiro grande erro e PRIMEIRA LIÇÃO.

Não podemos simplesmente fingir que as coisas não estão acontecendo conosco, não podemos subjugar nossa própria capacidade de defesa e força, caso contrário, acabamos criando um exército ilusório e frágil!

Com a estrutura forte que eu havia adquirido nos primeiros dois meses, retornei cheia de esperança e dona de mim, acreditando que tudo seria muito fácil, pois o estágio do meu câncer de mama era bem inicial e que, com a cirurgia, eu já estaria totalmente curada e não precisaria, graças a Deus, passar por processos de quimioterapia ou radioterapia.

Estava muito tranquila porque meu caso era simples e eu havia tido muita sorte num diagnóstico extremamente precoce!

Restava agora procurar um oncologista para o acompanhamento do meu caso nos próximos cinco anos. Em parceria com o Dr. Belezera, foi decidido que, como havia uma enorme chance do câncer surgir também na outra mama, eu deveria fazer um tratamento medicinal preventivo, muito conhecido, para que nos anos seguintes eu ficasse protegida de uma eventual reincidência. A próxima etapa agora seria resolver quando iniciá-lo, saber quais seriam os seus efeitos colaterais e as interações medicamentosas, além da terapia psicológica e psiquiátrica.

Eu já estava fazendo terapia desde a época da cirurgia, por indicação do Dr. Belezera, do Dr. Maravilha e de amigos, pois todos me diziam que seria importante durante os próximos anos ter uma pessoa para dividir todas as minhas dúvidas, incertezas e etapas pelas quais iria passar, todas tão desconhecidas para mim, indefesa neste assunto tão delicado e esquisito — era assim que eu o via. Contei, então, com a Dra. Amiga, que tem me acompanhado nesta jornada com total dedicação e carinho.

> Descobri o segundo erro, a SEGUNDA LIÇÃO: procure sempre um bom psiquiatra, um psicólogo, um terapeuta, um ouvido que seja, logo de cara também.

Como não fiz isso, ficamos todos — eu e meus doutores queridos — tentando adivinhar qual medicamento seria ideal e eficaz para minha depressão supostamente química que estava vindo a galope! Entre a introdução e a retirada de remédios para tentar ajustar, da melhor forma possível, a nova droga que eu estava ingerindo, fui desenvolvendo um tipo de rejeição ao tratamento oncológico tamanha, que acabou tornando-se responsável pelo desastre emocional que sofri e, infelizmente, tive que abandoná-lo pela minha sanidade mental!

E é aí que a história realmente começa...

ONDE ESTAVA EU?

Como já havia comentado, foi quando num belo dia acordei e encontrei uma senhora usando roupas minhas de maneira incompreensível, revolucionária, meio mística, com ares de doutora da vida!

Quem era essa pessoa toda poderosa, cheia de si, que tinha se apoderado de mim?... Afinal, onde estava eu?

Sim, eu sumi! Fui!

Mesmo, de fato!

Eu me perdi, não sei como, mas desapareci como se num passe de mágica eu tivesse virado fumaça, puff!

Então, começou a minha encrenca, a minha história com a famosa e terrível Donatella.

> "Para alguém sem **objetivo**, qualquer caminho leva a lugar nenhum."

Apesar de constatarmos que os iguais se entendem e se respeitam, acabamos por querer que todas as pessoas queridas de fora participem desta missão com o mesmo esclarecimento daqueles que já a conhecem. Queremos unir tudo e todos, o útil ao agradável, o simples ao complexo. E, então, percebemos que estamos fazendo uma "massaroca" de gente, opiniões, ideias e carinhos.

Daí citar um trecho da carta que escrevi para algumas amigas quando estava em desespero, pedindo que me ajudassem e me compreendessem, mesmo sem estarem cientes do que estava acontecendo comigo.

Donatella já era tão presente na vida delas, que não só recebi palavras de conforto, como uma luz desceu em meus pensamentos e abriu minha imaginação para tentar me relacionar com ela durante todo o tempo que fosse necessário. Claro que não estou falando que abri mão de mim mesma, da minha busca, assim tão fácil; lógico que tentei dificultar e sabotar esta nova pessoa, e muito secretamente, quase a enforquei!

O mais difícil, porém, era segurar a porta da jaula do leão africano que eu tinha em casa com a minha bunda — que já estava enorme —, estando com as mãos totalmente ocupadas em tentar resolver minha vida.

Desenvolvi, de certa forma, uma senhora musculatura nas coxas. Meu Deus, como foi difícil segurar a fera que permaneceu a vida toda dentro de mim, e me perguntava: por que só agora ela queria partir? E se eu a deixasse ir embora? Que rumo seguiria? O que aconteceria? E se ela machucasse as pessoas que eu amo? E se comesse a todos? Ai...

Foi nesse momento que eu percebi que tinha um medo gigantesco de perder o domínio sobre a minha vida, o controle sobre meus desejos, o comando dos meus sentimentos e as rédeas sobre minha presença em casa e na família.

Pronto!

Tudo era uma questão de adaptar o pensamento a uma única frase, a mais famosa e ameaçadora de todas: a perda do controle!

O DESCONTROLE

Como lidar conosco quando não podemos mais controlar a nós mesmos, nem a nossa própria vida?

Quando determinam que você tem uma data para cumprir prazos, obedecer regras e entrar em estatísticas, a coisa começa a mudar de figura, parece que tem alguém que está querendo disputar com você algum tipo de controle, e aí começamos a nos questionar: Quem está no comando agora? Quem disse que eu tenho que cumprir um prazo de validade? Mas, como assim? Quem manda em mim?

Donatella foi uma mulher que ocupou meu espaço e minha vida por quase um ano, veio sem pedir permissão, sorrateira e disseminada, roubou meus amigos, minha família, minha casa, minha cama, meus sapatos e meu marido!

O mais difícil foi perceber que nem meus filhos entendiam o que estava acontecendo, encontravam-se também perdidos e procurando uma mãe, que parcialmente tinha sumido do habitat deles e dado espaço para uma senhora estranha, calculista, intrometida, briguenta e reclamona.

— Você viu a minha mãe por aí?

E para explicar o que havia acontecido comigo, sem que a Donatella interferisse no meu discurso? Nossa, que dificuldade, havia uma briga interna de quem falava primeiro, de quem se impunha... acho que até o tom de voz era diferente, coitadinhos!!!

Para essa mulher destemida, guerreira, lutadora das causas perdidas, defensora dos oprimidos, ousada e arrogante quando se fazia necessário, não havia censura em suas palavras, ela não precisava pedir permissão para opinar e palpitar sobre qualquer coisa ou qualquer pessoa. Se pedissem uma explicação então... que saíssem de baixo para não escutar a enxurrada de palavras soltas e desconectadas de um português descomplicado, sem conjugação e direto; aquilo que ninguém gostaria de ouvir: uma verdade dura e cruel!

Parecia até a juíza do mundo! E, para falar a verdade, acho que tem algo de julgadora nessa pessoa...

Extremamente instável, uma palavra dita ao avesso poderia ser o suficiente para iniciar gritarias desenfreadas pela casa inteira, aliás, onde quer que estivesse, com direito a ecos e tudo o que pudesse acompanhar para formar um drama bem eloquente, num tom de voz grave e melodramático, tipo ópera, que chegava a deixar todos em estado de choque, sem ação, e morrendo de medo do que essa pessoa poderia fazer.

Na realidade, depois dos primeiros eventos caóticos, fui pesquisar se o que estava acontecendo comigo era algo digno de pesquisa científica!

E, mais uma vez, sempre me surpreendendo, descobri através do meu filho e marido, que existiam grupos que passavam pelo mesmo processo que o meu e que resolveram formar blogs para divulgação da catarse impulsionada pelo desenfreamento automático da loucura pós tratamento.

Prontamente, me uni a grupos interessantíssimos de mulheres desesperadas, que trocavam experiências por meio de depoimentos espetaculares. Dos vários existentes, o que mais me identifiquei no início foi com o grupo chamado "SCL – Síndrome do Cachorro Louco". Era maravilhoso, porque discutíamos a possibilidade de agregar novas raivosas ao grupo, e de como descobrir curas para a raiva degenerativa, e que até poderíamos nos tornar dependentes químicas na tentativa de evitar o ataque quase iminente aos mais próximos, principalmente durante a madrugada — situação oportuna, já que o lobo ataca à noite, na surdina, faminto por carne e sangue...

Outro grupo ativo, que depois foi ao qual mais me dediquei e no qual aprimorei meus conhecimentos, foi o denominado "SMA – Síndrome da Mulher Assassina"; este sim, nos ajudava a prevenir um acidente ou um homicídio culposo ou doloso dentro de nossas próprias casas, afinal, era quando a segunda personalidade se sentia à vontade para invadir nossos corpos e dominar nossas vontades.

Coisa de louca, minha amiga, e foi graças a este grupo que trouxe à realidade a minha, então, atuante Donatella.

Em plena ferocidade, nos segundos em que ainda estava lúcida, não me lembro exatamente quando, num destes momentos de calmaria em que ainda conseguia me apossar de mim mesma, que aproveitei para avisar a todos na minha casa que guardassem e escondessem de mim todos e quaisquer objetos cortantes, afiados e pontiagudos, inclusive os culinários, porque Donatella era ótima em pontaria e seria capaz de atirar uma faca a uma distância de sete metros e acertar bem no centro da testa de alguém com o cabo a balançar, tamanha sua força e raiva!

Uma mulher de mira! E por falar em mira, esta sim era, de verdade, uma mulher de grande foco, centrada, com objetivos muito definidos e específicos, sabia o que desejava, como lutar, quais armas precisava e onde consegui-las, o que atingir, e como atingir. Diferentemente de mim, que não sabia nem por onde começar a minha segunda nova vida, que afinal de contas, havia acabado de ganhar na loteria! Todos me falaram isso várias vezes, tantas que até passei a acreditar.

Perdida no tempo e no espaço, aqui faço um apêndice para explicar melhor a minha teoria: se a trajetória de um corpo é definida como o lugar geométrico das sucessivas posições ocupadas por este corpo no decorrer do tempo, ou seja, é o caminho percorrido pelo corpo em seu movimento em relação a um dado referencial, pude concluir, com inúmeras consultas médicas e opiniões técnicas recebidas durante o início, que não bastava a bagunça de ideias e informações no meu pequeno e humilde cérebro, ainda tinha de lidar com todas as opiniões de meus queridos familiares que, inseguros e muito mais perdidos do que eu, procuravam curas e soluções milagrosas em rezas, orações, bênçãos, passes, plantas medicinais e até feitiçarias.

Conclusão: meu corpo encontrava-se perdido no tempo e num espaço totalmente novo a ser descoberto num futuro próximo!

E, falando em perdida no espaço, ainda nesta miscelânea de informações, tentei, com todas as minhas forças mentais e espirituais, absorver todas as experiências de todos os amigos, e de todos os amigos dos melhores amigos deles!

Nossa, que canseira danada... chegava à noite e não sabia o que deveria guardar na minha minúscula caixa craniana, o que deveria sintetizar depois de um dia inteiro complexo como esses que se sucederam meses a fio!

E, para complicar mais ainda, tinha a Cris, altamente didata e disciplinada, que tinha percorrido várias livrarias depois de buscas incansáveis, varado longas madrugadas pela internet, trazido livros para casa com mais informações, que agora, com tamanha complexidade técnica, nem ela mesma conseguia entender. Ops!!! Que dificuldade!

Era, então, quando a Dona Loba dormia, sim, era quando Donatella descansava que eu aproveitava para anotar todas as minhas dúvidas e opções de tratamento, alimentação, exercícios, perspectivas, números e dados... minhas ações eram importantíssimas nesse momento, pois era quando detinha total controle sobre mim mesma, meus pensamentos navegavam a mais de 100 nós por hora, correndo contra a instabilidade de uma donzela-guerreira que a qualquer instante poderia voltar a me dominar.

Lia tudo o que podia para entender o que se passava comigo nas noites que para mim eram assombrosas, nas sestas depois do almoço, nas tardes frias... enquanto o silêncio era o meu melhor companheiro.

Mas esta Cris não acordava cedo, exausta das caminhadas pelo conhecimento; era Donatellla quem acordava, ligada numa tomada de 220 Volts, agitada, com milhões de planos que, mais tarde, me deixariam ainda mais exausta do que já me encontrava, mandando e tomando as rédeas da casa, mudando todas as normas, os cardápios, os móveis de lugar, as marcas dos produtos...

Ela conseguia enlouquecer a todos... até as cachorrinhas começaram a desconfiar daquela enorme pessoa com roupas de guerra, largas, preparadas para a luta, de sapatos de salto alto, com passos pesados, dando ordens e gritando, reclamando por todos os cantos da casa, como se tivesse sido abandonada, formando um exército com todos que a habitavam.

Um horror, era realmente de assustar! Uma disciplina jamais vista, uma sequência de ordens e horários que deixaram todos completamente insanos durante um bom tempo. Mas, para dizer bem a verdade, até que ela deixou a turma bem disciplinada depois que foi embora! Ah!Ah!

O pior de tudo isso era explicar que aquela pessoa — general que comandava a casa — era eu mesma, mas não em minha totalidade, era "meio eu", sem controle... era tão complicado que a minha maior preocupação era que me declarassem louca e resolvessem me internar num hospício, me abandonando para sempre junto com essa pessoa com quem eu não gostava nem um pouquinho de conviver. Já imaginou tamanha bagunça e frustração?

Demorei muito para entender que esse longo caminho pertencia a mim e unicamente a mim!

Um percurso solitário, escuro e desértico, porém, meu! Mas também divertido, alegre, engraçado, perturbador e, definitivamente, MEU!

E se era meu, eu deveria começar a sair do lugar, a caminhar mesmo sem saber bem para onde, nem bem qual distância percorrer. Na realidade, a única coisa que eu sabia, de fato, consumado e demonstrado, eram as estatísticas!

Tudo se resume em estatísticas! Amo números! Meu avô, Benedito Castrucci, foi um grande matemático e um exímio pensador, meu guia religioso, que sempre me dizia quão sábio era aquele que conseguia levar a vida numa combinação entre a filosofia e os números, porque a vida era um equilíbrio entre o físico e o espiritual, entre o que podíamos ver e aquilo que podíamos apenas sentir.

Se tudo no meu caso girava em torno da estatística pura, dados, números, proporções e gráficos para remissão, para cura, para regressão, para tratar, para recuperar, para garantir, para viver e para respirar — sem contar para entender todas as centenas de páginas dos exames que recebia — então, o mais difícil não era ser compreendida pelos outros, mas sim por mim mesma!

Se não conseguimos decifrar por contas matemáticas, na lógica e na estatística, onde nos encontramos, como podemos querer que outras pessoas nos ajudem a nos achar?

O primeiro passo, sem dúvida alguma, é começar a dar dicas, por menores que sejam, para as pessoas que estão ao nosso redor. Se isso não resolver, saia correndo pela rua gritando socorro, que com certeza alguém vai escutar e provavelmente tentar te ajudar, mesmo sem saber qual de nós estará no momento apossando-se do nosso corpo! Que hilário tudo isso!

Normalmente, não sabemos que tipo de socorro pedir porque ainda não sabemos e não compreendemos o que está acontecendo conosco, nem o que temos de fato, nem onde estamos... Que coisa complicada! Sempre acabamos num beco sem saída, visto que as questões são inúmeras, as possibilidades se tornam infinitas!

O nosso maior desafio é tentar decifrar qualquer código interno que se estabelece intimamente para segui-lo de olhos vendados, porque vou te falar uma coisa, minha cara colega, sua intuição será o seu guia espiritual durante todo o período em que se encontrar nesse gigantesco labirinto criado por nós mesmas durante todo esse percurso.

Decifrado esse código interno, você se tornará confiante e com a estima nas alturas, segura para conseguir distinguir e separar as informações necessárias para sua recuperação e as que serão deliberadamente jogadas fora por falta de praticidade!

Depois de tantas tentativas, entre acertos e erros, de perdas e ganhos, passei a compreender que estamos nas mãos das estatísticas, definitivamente, e que quando estamos perdidas, devemos agir de maneira intuitiva — aquilo que aprendemos com nossas mães desde pequenas quando saímos pela primeira vez no meio de um aglomerado de gente: se você se perder, não saia do lugar porque alguém vem ao seu encontro e te acha.

É mais ou menos isso, TERCEIRA LIÇÃO! Simples! Não precisa se apavorar, não saia, em hipótese alguma, do lugar! Se apegue a um poste, sente e espere, porque alguém vai te reconhecer e te levar de volta para casa!

Baseada em meus números — acho que já deu para você perceber — descobri na minha singela capacidade intelectiva que não iria chegar a lugar algum sem entender que precisava primeiro aceitar e não brigar com a toda-poderosa senhora de mim, a Donatella, pois seria uma questão de tempo o meu encontro comigo mesma.

Ora, se "tempo" é definido como uma medida de grandeza física que permite mensurar a duração das coisas sujeitas a alterações, cuja base é o segundo, podemos, então, ordenar as sequências estabelecendo o passado, o presente e o futuro, estabelecendo um princípio de casualidade (axioma do método científico).

Inspirada nesta teoria, tracei minha trajetória e foquei meus objetivos, minha reta final, minha cura, meus cinco anos, meu futuro.

E, partindo do princípio de que a distância é igual a velocidade vezes o tempo (D = V × T), não precisei de muito esforço para calcular que eu precisaria correr muito contra o tempo para chegar logo ao final estabelecido por dogmas e preceitos. Mas, espera aí, que final seria esse?

Todas as minhas teorias foram por água abaixo no dia em que descobri que minha lógica tinha sido abalada, fragilizada, pois não se enquadrava na realidade que eu estava vivendo no momento. Ora, se não existe um final para alcançar, não existe distância a ser percorrida, então, não existem dados nem medidas para percorrermos os cinco anos em menos tempo, ou seja, não podemos correr contra o tempo, certo? Resumindo minha irônica teoria, tenho cinco anos e não importa se eu corra o dia todo, eles irão demorar de acordo com a rotação do Sol em torno da Terra, por mais que eu faça uma tremenda força positiva, queime meus neurônios, nem o maior paranormal do mundo iria conseguir mudar a velocidade deste movimento tão sincronizado e perfeito! Noooooossssssssaaaaaaa! Minha primeira grande descoberta!

> **"Conheça todas as teorias, domine todas as técnicas, mas ao tocar uma alma humana, seja apenas outra alma humana."**
> *Carl Jung*

Mais uma frustração, mais uma carta fora do baralho.

QUARTA LIÇÃO: aceite as estatísticas e relaxe! Você não conseguirá mudar o óbvio, nem as leis da natureza!

Na minha vida, devo ser muito iludida na maior parte do tempo... acho que graças a esse meu jeito de levar as coisas na brincadeira, depois do estresse, esse jeito de ver com alegria minha condição de presa no tempo e espaço, que me faz, nos momentos de paz, sozinha comigo mesma, ser feliz e agradecida por tudo o que tenho e conquistei. Só sou brava por fora, tenho que manter minha fama de má... Afinal de contas... da vida, nada se leva, só as boas lembranças e meus amores!

Bem, se tudo isso confere, nesta minha interminável batalha contra a Donatella, mais uma vez tive de admitir que ela havia vencido novamente. Como tirar proveito desta pequena batalha perdida? Vamos aproveitá-la, usá-la, abusá-la sexualmente — será o meu objeto sexual nesse momento, pois muitas vezes, nesse período de tempo esquecemos também quem somos na cama. (Ops!)

Gostosa, maravilhosa, sensual, atraente, destemida, sexy, provocante, intensa, cheirosa (sem cigarro, lógico!) grande, poderosa, dominadora... amei!

Em volta dessa nova pessoa que habitava meu ser físico totalmente descompassado, resolvi reconquistar a mim mesma, não sabia direito bem como, pois se tratava de alguma maneira na minha cabeça, um tipo de traição: tinha a amante em mim mesma, ou seja, descobri que poderia ter em mim a esposa de 50 e também a nova e atraente amante de semanas, fantástico!

Um espetáculo, já que havia reconstruído uma única mama, era minha chance de ocupar meio corpo da Donatella! Um peito novo e outro antigo... E assim se passaram todos os meses enquanto lidava com ela, me deliciando com um sexo "menage a trois"! Cris, Donna e Ele.

Mais uma vez, como a questão era de tempo, eu colocaria Donatella no seu lugar, num sono tão profundo e dormente que nem o príncipe mais encantado dos encantados da Bela Adormecida a acordaria com o maior e melhor de todos os beijos mais apaixonados e cheios de amor repletos de promessas de final feliz!

Meu grande golpe estava por vir!

Hoje, percebo que só controlamos a nós mesmas quando deixamos que parte de nossa vida seja levada pelo destino, permitindo que ele resolva as questões não comandadas por nós, e que deixamos à deriva; isso pode ser uma grande chance de sucesso, pode ser seu aliado contra o forte vento dessa tempestade pela qual passamos. Em outras palavras, entregue-se na mão de Deus!

Uma parte de nós, onde habitam os desejos totalmente conscientes, decide nossa rotina diária, o que devemos fazer ao acordar, aonde iremos, o que desejamos para nos alimentar, com quem queremos conversar e como queremos que nos vejam e nos respeitem!

Existe um lado interno nosso que vive num espaço sideral — ainda não descobri que parte é essa, mas é real — muito escondido ao nosso ver e ao nosso sentir, inconsolável, infantil, que tem medo e não quer ser visto nem reconhecido. É esta parte que devemos deixar solta, devemos dar crédito para que possa criar asas e voar de volta para casa quando sentir necessidade. Somos seres divisíveis, bilaterais, capazes de nos adaptar a qualquer situação, em qualquer espaço de tempo e dimensão!

Temos força, somos poderosas, rebeldes com causa, humanas e justas, amantes da beleza e da leveza do ser, incoerentes e apaixonadas, mas somos inteiras e lutadoras!

Sempre conseguimos chegar aonde queremos, não importa como nem quando, esta é a QUINTA LIÇÃO.

O momento não é para julgamentos porque não nos encontramos capazes de julgar nem a nós mesmas. Mesmo que essa atitude seja constante na nossa personalidade atual neste momento, e que vai nos acompanhar por longos períodos, será uma transição em que precisaremos nos apoiar em críticas e preconceitos, conjugaremos e julgaremos sem piedade, visto que a insegurança em que nos encontramos e a vulnerabilidade que nos é imposta não nos deixarão muitas opções.

Julgamos primeiro as decisões médicas, depois passamos a julgar os médicos, os remédios, os tratamentos, a enfermagem, o hospital, o laboratório, a recepção, a telefonista, e depois, inevitavelmente, estendemos nosso julgamento para o trabalho, o professor, o vendedor da farmácia, o atendente da lavanderia, da padaria, do sapateiro, da revistaria, da verduraria e até o pobre coitado do rapaz que ajuda a carregar as compras para o carro.

Mas o pior ainda está por vir...

Começamos a julgar os amigos, os amigos dos amigos, os parentes dos amigos, a família dos amigos... até que num dado momento passamos a agir indiscriminadamente dentro de casa!

Uau! Aí sim a coisa fica feia, totalmente sem censura, descontrolada e sem juízo, julgamos o pai, a mãe, os irmãos, os tios, os primos, os filhos do pai, os próprios filhos, o marido e qualquer um que passar na frente...

Nesse exato momento, em que você já julgou a tudo e a todos — no meu caso, só não julguei a Deus, porque era o único a quem sempre pedia perdão pelo mal julgamento que cometia diariamente com aqueles que conviviam comigo e que me amavam profundamente —, você começa a perceber que, quanto ao seu próprio julgamento, você não existe como pessoa atuante do seu passado, nem como figura de mãe, ou filha, irmã, esposa, amiga, cliente, professora, executiva, ou qualquer outra função que possua, porque como você está perdida e ainda não se achou, se torna incapaz de julgar algo que não sabe o que é! Daí a necessidade de julgar a tudo e a todos, sempre sem razão, com a pura emoção dos momentos turbulentos vividos, por não nos encontrarmos em lugar algum, qualquer que seja.

Isso é de matar! Só não dá para realizar o processo homicida mais de uma vez porque você não está presente, e sendo assim, não existe!

ALMA DE AMIGO

Sou cercada por pessoas que me amam, sou agraciada por Deus por possuir todos os dias alguém que me acorda com uma palavra amiga, que me carrega o dia em prosa e me abençoa ao deitar...

Teria que deixar um capítulo inteiro para os AMIGOS e suas maravilhosas palavras.

São eles que irão ajustar todos os seus ponteiros e parafusos, por incrível que pareça, mesmo sem saber, na maioria dos casos, de que mal você sofre e o que está realmente acontecendo com você, e o mais importante, "qual de você"!

De uma maneira ou de outra, às vezes, uma palavra do nada, sobre nada, sem contexto, totalmente vazia, preenche aquele espaço naquele momento que você não sabe por que está carente, e então, responde com outra palavra vazia, do nada, sem sentido, tipo trocando palavras soltas em duas línguas diferentes, e isso já foi suficiente, aliás, já foi ótimo!

Completa seu dia, porque, sem entender o que você falou ou ouviu, ou sem entender de fato uma palavra trocada, você percebe que aquela sua amiga alienígena, de outro mundo, te ajudou, e mais um dia se foi!

E há também as palavras confortantes dos sábios, que já se perderam como você e já se acharam, e que trazem milhões de sinônimos para ajudar a fazer sentido, nexo, apesar de você ainda estar longe de entender, você só anota tudo, se acalma com a tranquilidade e a segurança com que estas palavras são ditas, a suavidade com que elas entram em seus ouvidos, fazendo com que você se acalme, aquietando sua ansiedade e fazendo com que você aprenda a escutar, pela primeira vez.

Esta sabedoria ajuda no dia a dia, porque as palavras ficam arquivadas num pedacinho do seu cérebro, e no momento em que você se desespera porque está perdida demais, o mecanismo da memória liga a alavanca e despeja tuuuuudooooo bem na frente dos seus olhos e você começa a ver novamente, a enxergar uma luz por onde caminhar.

Não posso esquecer as palavras de amor que vêm daqueles de sangue! Estes coitados sofrem junto conosco e não têm a mínima ideia do por que estão sofrendo. Sofrem por você, pelo que estão vendo, pelo que escutam, pelo que sentem, pelo que imaginam e até criam, construindo um emaranhado de sentimentos que, creio eu, os deixam tão perdidos quanto você! Mas, enfim, como não dá para ajudá-los nesse momento, nem eles a você porque também estão desesperados e perdidos no sofrimento, e a única palavra que conseguem balbuciar é AMOR... que é muito mais que suficiente para te ajudar a se encontrar porque você sabe que tem um colo se precisar, tem conforto, tem segurança, tem rumo e tem ferramentas para abrir um novo caminho para ajudá-la a sobreviver.

E as palavras novas? Aqueles que você conhece há pouco tempo, aqueles sem passado que falam e de repente você percebe que são anjos falando em vozes doces, como um som de flautas? Parecem sinais, dicas, conselhos que chegam do céu, não existe uma história, você não tem lastro, não deixou cicatrizes, seu presente é o que você constrói agora, e seu futuro, o que você quiser inventar! Tudo isso porque não existiu nem você mesma! É uma delícia.

Você também vai escutar palavras que não gostaria de ouvir, mas nesse momento, você tem que tentar entender que estas palavras chegam mas não estão preparadas para percorrer o seu caminho no instante em que você gostaria, da maneira que precisaria, simplesmente tudo parece inverso. Encaremos de forma prática: não é nada pessoal, viu! Cada qual no seu galho...

E, por último, as palavras amigas dos que te amam, que possuem uma história com você, que têm um passado, um registro, uma cumplicidade e uma identidade que marcaram sua vida. Estas palavras parecem perdidas no espaço porque todos estão perdidos com a nova situação, com as novas emoções, mas você as usa como âncora para o próximo passo, mesmo sem saber se irão ajudar de fato.

Estas palavras ficam no coração, e quando ele se aperta, serão elas que irão ajudar a bombear o pobre coitado que, muitas vezes, está tão exausto que parece que vai descompassar e parar.

O mais importante disso tudo é que as palavras são e serão sempre a chave para o seu sucesso, como um quebra-cabeça; serão elas que irão te confortar, te erguer, te ajudar, te amparar, te acolher, te reparar, te preparar e te receber!

Mantenha sempre todos os seus amigos ao seu lado, mesmo que você ache que eles não te entendam e que falam outra língua, mesmo que você ache que te abandonaram, pois uma hora você vai perceber que está redondamente enganada, cada qual tem seu valor e seu tempo para digerir o seu estado, conferir para poder te ajudar! Dê tempo ao tempo!

AS DUAS

Posso dizer, com grande alegria e satisfação, que não tardaria para me encontrar depois de todas estas buscas infindas. O mais engraçado foram as vezes que deixei-me escapar, tão fugaz, tão astuta, que nem mesmo a Donatella percebia minhas idas e vindas, e chegou a um ponto, tenho quase certeza, que comecei a deixá-la louca!

Não que fosse minha intenção declarada criar tamanho constrangimento na vida da donzela, que da noite para o dia ficou deselegante e sem modos! Mas posso afirmar com toda segurança, que a maldade escorreu pelo canto da minha boca, no veneno mais puro e mortal que possa existir, fatal até para um simples olhar ingênuo e puro!

Foi a minha primeira vitória, minha maldade explícita, muito que merecida, depois de uma batalha de quase um ano, consegui deixar Donatella louca, desesperada, totalmente perdida, terminando sua jornada num sono profundo.

Bem, resolvida a questão das minhas pessoas, saí a procura da única que restava: eu mesma!

Tudo parecia muito mais fácil, já que todos os obstáculos haviam sido ultrapassados e resolvidos, eu havia vencido o demônio e o dragão, lutado contra o mal, desfeito o feitiço... era época da calmaria, da tranquilidade, sem perguntas, somente o convívio e o bem-estar espiritual.

Porém, para mais uma surpresa minha, eu estava escondida, havia uma transformação em mim mesma que não queria ser encontrada e ter que encarar eu mesma novamente. Dá para entender? Não. Nem mesmo eu entendi!

Mas é o seguinte: que baita medo que dá voltar para a vida! Porque é nessa hora que percebemos que continuamos a ser o que somos, que vivemos vulneráveis da mesma maneira que vivíamos antes, que somos um espirro no universo e que nada nem ninguém mudou a vida porque você se perdeu! Ok?

Ainda não, minha amiga, mas você chegará lá!

Vamos tentar ser mais claras. Você venceu uma luta, talvez duas ou centenas delas, mas só você sabe disso, certo? Porque ninguém consegue ver aquilo que está dentro de nós, mesmo que tenhamos sofrido alguma ruptura ou perda externa, as pessoas só veem o que querem e o que aguentam daquilo que enxergam, então, como uma fórmula de proporção, onde A está para B, assim como C está para D, isto é, a Cris está para Donatella assim como as pessoas estão para a situação! Ou seja, a relação que a Cris estabelece com a Donatella é a mesma que as pessoas estabelecem com a situação.

Na verdade é uma forma de expressão própria de transferência de informação de um sujeito particular (você) para outro sujeito particular (a outra). Num sentido mais específico, analogia é uma referência ou um argumento de um particular para outro particular, em oposição à dedução, indução e abdução, nas quais pelo menos uma das premissas ou conclusão é geral.

Chegamos à conclusão inédita de que se não conseguimos ver aquilo que estamos vivendo, como os outros conseguirão?

> "**Nossa tarefa** no plano físico é aprender. Aprender no sentido mais amplo, mais **ilimitado**: aprender a **amar**. Amar aos outros e a **nós mesmos**. Esse é o conhecimento que nos torna **divinos**"

SEXTA LIÇÃO: não se aquiete, conte para todos que você ama e confia tudo que está passando, divida suas angústias e dúvidas, pois assim mostrará o caminho para que possam te ajudar a se encontrar!

Lembre-se! Esta doença não é restrita, não pertence exclusivamente a você, não é sua! Faz parte de todos que vivem à sua volta! O amor constrói um laço entre as pessoas que convivem conosco. O problema de um é o problema de todos. Construímos uma unidade quando se trata de um problema! Principalmente o nosso, que já vem com bula, receita e dicas na contracapa do guia imaginário que nos é imposto pela nossa consciência.

Chegamos a um ponto em que já estamos quase no meio do caminho para nos encontrarmos, que delícia! Que maravilha! É um alívio imensurável a ideia de liberdade e confiança que nos traz ao constatarmos que somos realmente livres de nós mesmas, cheias de opiniões e desejos, cheias de uma vontade incrível de viver, apenas viver, na forma mais simples e pura.

A minha Donatella começou a ficar sonolenta, meio desanimada, principalmente quando resolvi fazer uma terapia intensiva sobre meu estado de luta!

Ela não estava aguentando mais, eu percebia, no fundo da minha alma, que ela não havia, nem de longe, nascido com a minha garra, nem com a minha força para lutar! Lá no fundo, bem no fundão mesmo, eu sabia, talvez por isso eu não tenha desistido, talvez por isso tenha ficado esperando o momento certo para atacar e reivindicar meu espaço, meu corpo, minha vida.

Tudo era uma questão de estratégia! Mais uma vez, a espera foi fundamental!

Comecei a entender como entrar em sinergia com a Donatella, na realidade, aprendi a usufruir do que ela tinha de melhor.

Ela detinha uma agilidade incrível, uma espontaneidade na fala, um desenrolar de ideias invejável, pois eu, sempre na polidez esculpida de uma princesa basca — e esta é uma outra história que um dia hei de contar — jamais falaria nada que pudesse desagradar a alguém, e ela, em compensação, falava o que pensava, como se sua boca fosse uma continuação direta do sistema falatório sem passar pelo sistema racional, sem a ligação do pensamento com a sensatez.

Era inacreditável a sua capacidade de expressão linguística, não sei onde ela conseguia encontrar tantas palavras para colocá-las, prontamente, em instantes, na boca, como se cuspisse sílabas que voavam pelo ar e depois entravam pelos ouvidos como minúsculos tapas alucinógenos! Credo!

Essa atitude era de causar inveja, mesmo que incomodasse as pessoas, sua franqueza era, no fundo, até elegante, pois mantinha uma coerência de comportamento limpo e claro, que muitas vezes chegava a lavar a alma, de tanto que purificava minhas ideias.

Aliás, não posso deixar de contar as trapaças que ela me aprontou no início da minha abdução e que acabaram por ocasionar inúmeras ocasiões constrangedoras... passei tanta vergonha que, como dizia uma amiga minha, passei a andar com um caderninho para anotar com quem estive e todos os lugares em que havia deixado uma impressão desastrosa em razão das minhas atitudes "vexatórias", para que eu pudesse saber quais lugares não poderia mais frequentar e a quais pessoas deveria pedir desculpas no dia seguinte!

Tudo uma questão de polidez da Cris, lógico, porque se dependesse dela, teria ficado sem amigas e provavelmente quase todos os restaurantes e lojas com restrições sobre a minha pessoa... acredito até que, em alguns lugares, havia uma foto minha ao lado do caixa, escrito "cuidado, mulher louca e perigosa!".

Agora parece divertido, mas não é brincadeira o que passamos, essa somatória de hormônios que em um determinado momento do caminho temos que bloquear, de uma hora para outra, como se fosse um carro flex, mudando de álcool para gasolina sem precisar avisar, sabe como é?

Então, dá um "estrimilique" total em todos os neurônios e células, sei lá no que mais, que tem gente que até se divide em mais personalidades... eu estava quase adquirindo a Alice quando resolvi aplicar *botox* para me sentir melhor...

Nossa, quando acordei no dia seguinte, fiquei meia hora me procurando no espelho até que me dei conta de aquela pessoa refletida era minha terceira pessoa, Alice, a assustada!

Não preciso nem dizer que corri ao médico e logo consertamos este erro de percurso, porque, vou te contar, minha amiga, eu não sei como iria lidar com a Donatella e a Alice ao mesmo tempo!

Imagina, então, meus filhos!

Aqui, vale um aparte, só para falar dos meus amados e maravilhosos filhos.

FILHOS

Como poderia deixar de falar sobre os meus filhos neste período louco pelo qual passei?

Desde o início, tentar explicar a Donatella para eles foi a coisa mais difícil que me aconteceu, pois quando começava a explicar, ela tomava meu lugar e falava por si mesma... Nossa! Que bagunça de linguagem, comportamento e expressão facial.

Até hoje não sei se eles entenderam direito o que aconteceu comigo, uma mistura de personalidades, alterações de humor, mudanças físicas e comportamentais tão complexas que a minha grande preocupação era que não me achassem louca e desistissem de mim para sempre! Já imaginaram tamanha tragédia?

O bom é que nada disso aconteceria de fato, pois não se pode ignorar que os filhos são uma espécie humana muito mais evoluída do que os pais, dotados de uma inteligência muito mais prática e cognitiva — logo os meus assumiram uma postura fácil de raciocínio lógico e concluíram que a mãe deles era meio complicada!

Simples e diretos, resumiram em poucas palavras o estado mental e físico da mãe sem muitas explicações! Os amigos se contentavam e não questionavam na escola, problemas de meia-idade e o resto... mas que resto? Para eles o mundo se fodeu e você ainda não soube!

Assim ficava fácil para a cabeça deles digerirem o estado lamentável em que me encontrava!

Eles são, definitivamente, uns santinhos com asinhas e tudo que têm direito!

Eu pedia desculpas todos os dias, à noite, dizendo que um dia eu iria me achar e que tudo voltaria ao normal, e eles, sempre sorridentes, me diziam para relaxar.

Meus filhos me deram espaço para que eu pudesse me procurar sem precisar me preocupar com eles. Grandes filhos, de alma, de espírito e de luz!

Eles me deram amor e tinham sempre um olhar de compreensão, o suficiente para me encorajar todos os dias a não desistir.

Grandes lutadores!

E, no final do dia, sentávamos gloriosos, cada qual com sua luta, recuperando forças para o próximo dia, dentro deste casulo totalmente frágil, mas que, no fundo, sabíamos que era seguro e confortante.

O ENCONTRO

Sou feliz porque sou cercada por anjos cheios de asas, lindos, que voam coloridos pela minha vida, que só me trouxeram segurança quando mais precisei, que me pegaram pela mão e me mostraram um caminho quando estava mais perdida.

Posso dizer que na maioria das vezes não conseguimos enxergá-los em sua plenitude, nem senti-los, mas por alguma razão que não sei explicar qual é, conseguimos segui-los — talvez seja simplesmente porque o amor sempre nos salva e nos protege! É aquela mão pequena, velha, branca, grande, escura... que nos segura com tanta força e carinho que não nos deixa cair!

Quando estamos perdidas, precisamos deixar que nos carreguem, não interessa por quanto tempo. O importante é nos deixarmos ser levadas até que possamos estar prontas para enxergar o que se encontra na nossa frente, para enfrentarmos a guerra com forças, armadas, preparadas e com vontade de sairmos vencedoras.

Muitas vezes, desconfiamos da ajuda, do conselho ou da dica, aliás, no começo, desconfiamos de tudo e de todos porque temos toda a certeza do mundo que somos soberanas, dotadas de uma sabedoria controladora e absoluta, quase um deus grego repleto de respostas, filosofando, ou, na verdade, delirando sobre um futuro que não temos a mínima ideia para onde vai nos levar, nem como chegaremos lá! Mais uma vez, estamos lidando com estatísticas e hipóteses.

A hipótese é uma formulação provisória, com intenção de ser posteriormente demonstrada ou verificada, constituindo uma suposição admissível. É a evolução da intuição à teorização e da teoria que levará à prática, testando a hipótese firmada pelo raciocínio dedutivo implícito à teorização, com frequência, e por motivos vários, seguindo por vias aparentemente obscuras.

As primeiras hipóteses nem sempre são definitivas e estas, quando firmadas, nem sempre são as ideais, ainda que satisfaçam condições momentâneas. É normalmente seguida de experimentação, que pode levar à sua confirmação ou negação. Assim que verificada, a hipótese passa a se chamar postulado, podendo alcançar o status de lei.

Na realidade, não sabemos de nada, toda a enciclopédia que carregamos nos últimos dias em nossa memória, todo raciocínio lógico, todas as tabelas e estatísticas que aplicamos em nossa vida não possuem embasamento científico algum!

Estamos vivendo um momento de hipóteses, um tal de "se" experimental, e não sabemos como testar as teorias nem o que testar. E, muito menos, quando! Ainda estamos totalmente perdidas...

Vivemos sob a teoria da "hipótese" em tudo durante um grande período de tempo em que estamos fora do ar, num voo rasante para dentro de um vácuo, esperando que nossas geniais intuições comecem a se transformar em espetaculares teorias para podermos nos sentir mais fortes e menos vulneráveis.

Viver na inconstância da hipótese é assustador, irreal e, de certa forma, comum neste período em que não sabemos bem ao certo o que iremos encontrar em nós mesmas. É uma parceria longa, mas que trará grandes frutos no futuro.

E que venham as resenhas da minha vida, que eu serei capaz de reescrevê-las todas, uma a uma, inteirinhas novamente! Viva às hipóteses!

Saborear a vida intensamente abraçada num desejo de encontrar uma fórmula que seja simples, que funcione e que possa ser útil para vender a ideia a todos de que você se curou seria o melhor de tudo. Mas, vamos falar a verdade, afinal de contas, você controla sua vida, seu futuro, seu corpo chegou ao equilíbrio perfeito, uma fórmula ideal de viver e de como se relacionar consigo mesma, não é verdade? Mas, surpresa! Nada disso acontece!

Desculpe-me, minha amiga, vou ter que te contar a verdade, a queda é grande, continuamos ainda totalmente perdidas! Não sabemos nada de nada sobre nós mesmas, pelo menos por enquanto...

SÉTIMA LIÇÃO: não se preocupe, você vai achar que sabe de tudo e depois você vai descobrir que não sabe "nadica" de nada!

A grande verdade é que vai existir uma hora em que você vai descobrir seu jeito de levar as coisas, sua própria fórmula matemática ou mágica, sua maneira de ser e de lidar com tudo isso, de criar sua própria lógica, seus conceitos e soluções nada racionais e, então, vai perceber quando chegar a hora exata de entender tudo sobre você mesma. Demora um pouco, não muito, mas chegará o momento certo para você. Cada qual tem o seu ritmo próprio.

Ora, se a lógica é uma parte da filosofia que estuda o fundamento, a estrutura e as expressões humanas do conhecimento, e foi criada com a intenção de tentar compreender o pensamento humano para diferenciar as interferências e argumentos baseados nos conceitos entre o certo e o errado... então, se estamos tentando elaborar alguma lógica em nossas vidas, este será, em tese, o exato momento em que iremos procurar definir nossos próprios pensamentos baseados em argumentos que não serão nem um pouco lógicos, e que por algum tempo, provavelmente, nem estarão corretos. Só iremos perceber esse erro no momento em que a teoria espetacular que criamos vier a falhar!

Um pouco confuso, mas fácil de digerir.

No fundo, a somatória de delírios e representações que cometemos durante esse período nos deixará mais fortes no futuro, no mínimo com um pouco mais de eloquência e sabedoria.

Adquirimos adjetivos insuperáveis em nossas vidas, um deles, sermos pacientes, através da grande, enorme e colossal espera. As que não são arianas que me perdoem, mas para nós é difícil para caramba!

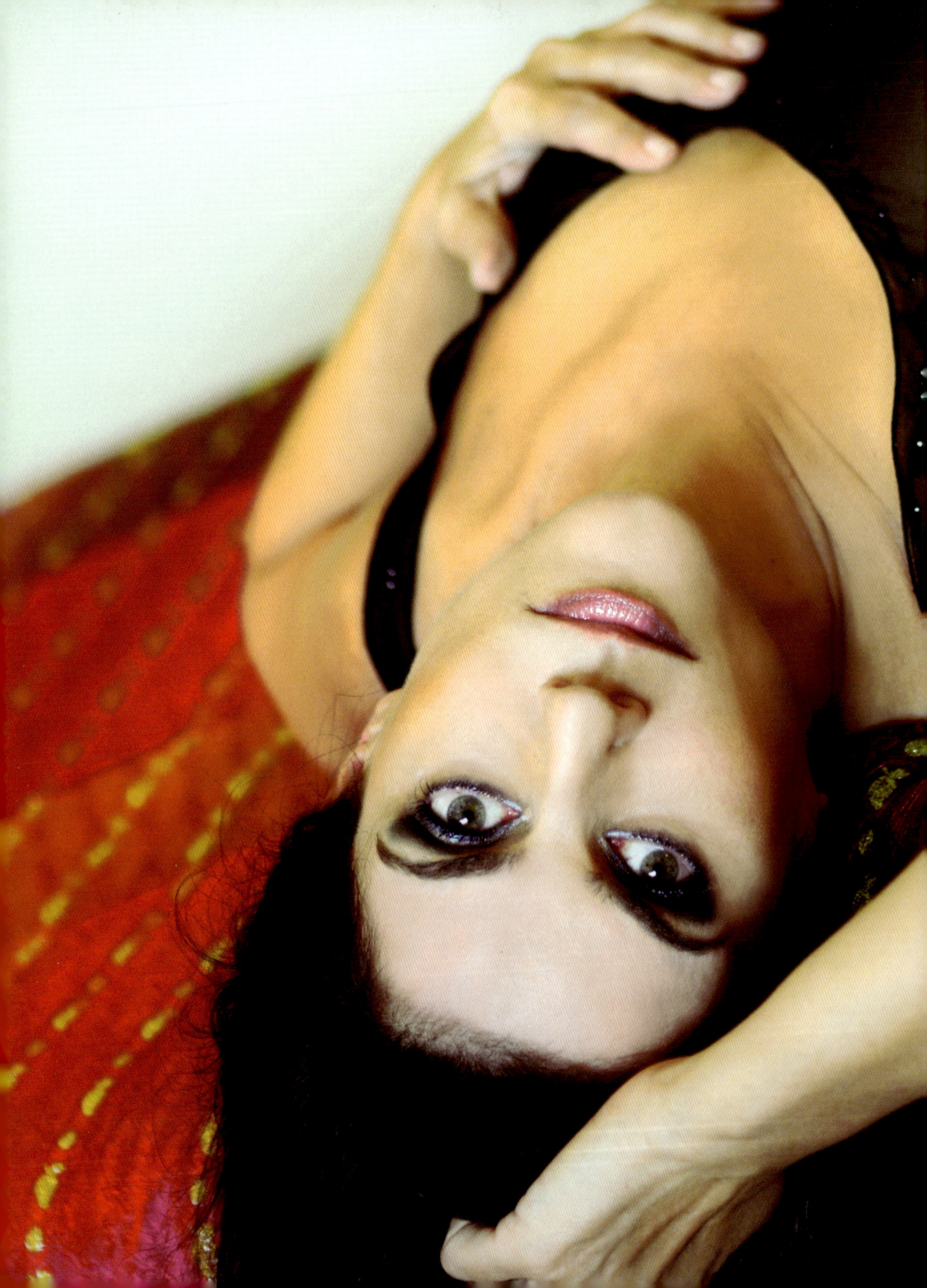

A ESPERA!

Talvez seja a palavra mais difícil de digerir durante todo este processo, porque não conseguimos entender que, do nada, alguém venha estabelecer para você um período de cinco anos!

Espera aí, cinco anos?

Como? Por quê? Quem disse? As estatísticas (veja que eu falo sério), tem lógica? Fundamento? Baseado em quê? Enfim. Depois de responder a todas estas perguntas e mais uma infinidade delas, chegamos à conclusão de que não nos resta nada, senão, a tão famosa espera.

Essa espera, no fundo, será essencial no decorrer de todo o processo de se encontrar, porque será o tempo necessário para você digerir tanta informação em todas as etapas durante essa viagem! É como se fosse um tempo de paz, de retiro, de mudanças, questionamentos, decisões, em que suas escolhas serão fundamentais para a sua tranquilidade interna. Seu sossego, sua religião, suas normas, suas leis serão seus companheiros, como num casamento!

Veja, no fundo, estamos falando da busca do seu eu interior.

Aquela pessoa que está totalmente perdida iniciará um processo de desapego do tempo e do espaço e entrará no modo funcional da compreensão do seu eu e de onde se encontra.

Começando a dar os primeiros passos na direção correta, acertando a rota, pegando o caminho mais fácil, iremos finalmente respirar num compasso mais lento e com uma frequência cardíaca mais baixa. Você não faz ideia do quanto isso pode representar para você e para todos que estão à sua volta! É a glória! É o sinal de paz! É o início de tudo, de uma nova vida, de um período mais feliz e completo, uma era que dará início à nossa independência!

Um dos motivos pelos quais também nos perdemos é porque nos tolhem a liberdade! Cortam nossas asas, nos amarram e nos deixam numa espécie de arena com infinitas saídas, tudo no escuro, sem se dar conta de que nunca passamos por esse lugar, que esse assunto, para nós, é novo e singular! Caramba! Será que ninguém percebe que todo esse linguajar só é normal para os médicos e profissionais de saúde?

O importante é que, no "frigir dos ovos", não conseguimos sair desse emaranhado de informações, dessa arena rodeada por leões famintos para nos atacar, porque estamos sempre dependentes de opiniões, de exames, de pessoas, de amor, de cuidados, de família, de medicação... como assim?

> **"Tem momentos na vida em que o melhor a fazer é ficar calado e deixar o tempo trazer suas respostas."**

Por isso, essa espera é crucial na sua vida! Temos que sentar e esperar. Ouvir e observar nossos pensamentos e ideias, nossa voz interior dizendo que não podemos desistir, nossa alma pedindo para continuar, mesmo numa escuridão que assusta e amedronta!

OITAVA LIÇÃO: A espera é preciosa, torna-se um tesouro se for bem lapidada e apreciada!

EX-COLEGA

Incrível mesmo foi quando resolvi parar de fumar! Era uma sexta-feira!
Espetacular é a palavra certa para expressar como é possível encontrar força interior para mover uma montanha enorme quando decidimos que queremos fazer algo para o nosso bem!

Foi como deixar um grande companheiro, mas, o mais impressionante, o deixei sem remorsos, rancores, não olhei para trás, simplesmente o abandonei, como faz um assaltante ao fugir da polícia! Não dei a menor bola, simplesmente esqueci, apaguei da minha memória!

Acho que o culpei pelo que estava acontecendo comigo, sem que isso, na verdade, fosse um fato consumado, mas assim mesmo, era mais fácil eu achar um culpado! Precisava achar alguém e, logicamente, nunca seria eu, não é verdade?

Então, partindo desse princípio básico, esse meu colega me decepcionou, aprontou comigo, foi sacana e não merecia mais minha companhia. Assunto resolvido!

Não quero mais conviver com um sujeito que me fazia mal e não me trazia mais esperança, nem prazer... quero me sentir livre nesse momento, quero a liberdade total que sempre almejei, quero poder voar toda vez que quiser, sem ter que carregar esse sujeito comigo. E convenhamos... um sujeitinho que cheira mal, que deixa tudo meio amarelado pelo tempo, envelhecido, seco, opaco!

Delícia de liberdade! De poder ficar com meus amigos e filhos sem ter que perder um minuto sequer da companhia deles, poder conversar sem ter que pedir para repetir o assunto, sem ter que pedir licença e desculpas... quanto calor cheguei a pegar para ficar com esse tal sujeito, sem falar nas noites com neve cujo frio entrava em minha alma, nas filas sem fim, nos bancos de praça, nas sarjetas... e, logicamente, sempre sozinha, quer dizer, eu e o tal sujeito, sem amigos, só nós dois, eu e ele, ele e eu. Coisa chata, cansativa, desagradável, sem assunto, praticamente um monólogo a dois!

Talvez o único obstáculo que encontrei alguns meses depois foi a própria Donatella, que de vez em quando me tentava com pensamentos maliciosos, com pequenas lembranças, prazeres que a vida havia trazido, querendo que o tal sujeito fizesse parte da minha vida novamente, me provando que eu estava sozinha e perdida e que ninguém viria me salvar a não ser meu velho e rabugento companheiro fedorento!

Mas fui muito mais forte do que ela e em tudo que eu poderia imaginar, que para minha felicidade, só me ajudaria mais tarde a me reerguer, a me dar confiança, postura e atitude para continuar a minha busca!

EU, VOCÊ, NÓS

Finalmente, chegamos ao final dessa grande jornada, preparadas para seguir fortes e confiantes e enfrentar o que a vida tem a nos oferecer.

Criamos um coquetel de várias "eus", modificadas e atualizadas.

Acredito que sempre fui esse "mix de Cris", mas só me dei conta disso durante esse processo, e acredito que lá no fundo sobrou o que "eu" aparentava de fato, e mais o que tentei esconder a vida toda, inconscientemente. Se soubesse disso antes, teria sido muito mais esperta com a vida!

Mas como não existem "ses", então estou atenta e vivaz agora, com as pessoas, com as situações, com as esperanças, com meus sentimentos e com minhas expectativas.

Podemos também creditar parte desse crescimento à nossa transformação na meia-idade (para falar a verdade, eu não gosto nem um pouco desta terminologia, prefiro usar um terço da idade), em que se alteram todos os hormônios, e ficamos mais sensíveis a todas as mudanças externas climáticas, que já não são fáceis de acompanhar — tem que sair de casaquinho, capa, galocha, guarda-chuva, boia de borracha, cachecol —, além das mudanças inevitáveis dos filhos que, em algum momento da vida, partem por diversos motivos, seja pelos estudos, por paixão, por casamento, por busca de autoconhecimento, ou pela profissão; as mudanças com os nossos parceiros, aqueles que se vão por inteiro, os que vão pela metade, os que não te deixam ir e os que nunca tiveram coragem de ir! Sem contar as mudanças sofridas pelas amigas e as de todos os seus entes queridos, que estão passando por transformações parecidas com as suas, ou outras, totalmente diferentes!

Em poucas palavras, num crescimento geométrico, os termos são gerados pela multiplicação repetitiva do mesmo número, e isso passa a gerar proporções monstruosas de mudanças! Dá para entender?

Em resumo, não mudamos, pensamos que mudamos, mas acrescentamos. Somamos, adicionamos, crescemos de forma aritmética — essas progressões formam-se a partir da soma repetida de uma mesma quantidade —, então, não é difícil nos encontrarmos depois dessa jornada, afinal de contas, estaremos, belas e formosas, esperando a nós mesmas na linha de chegada!

Isso é incrível, e maravilhoso! Nosso organismo é vivo e complacente com nossas expectativas e desejos.

Eu me reencontrei no dia em que descobri que poderia viver com a Donatella em paz! Que poderia viver com meu diagnóstico, com meus cinco anos, com meu novo corpo, com minhas novas regras, e com a minha nova vida!

Agradeço a Deus todos os dias por ter me ajudado a me encontrar! Agradeço por ser abençoada e entrego nas mãos Dele minha vida e esperança, porque de resto, eu estando comigo mesma, corro atrás!

Amém.

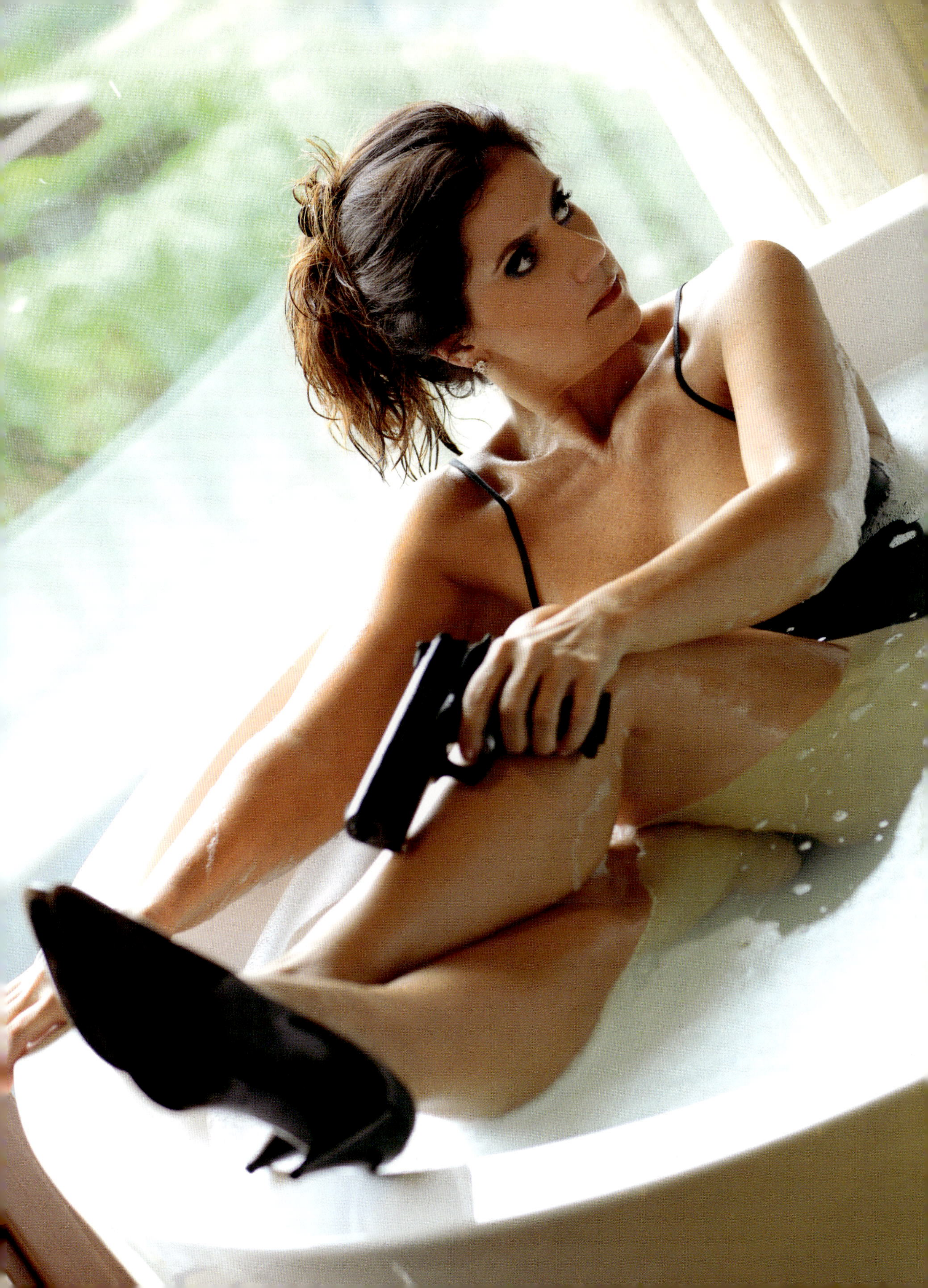

Então!
Chegou a sua hora

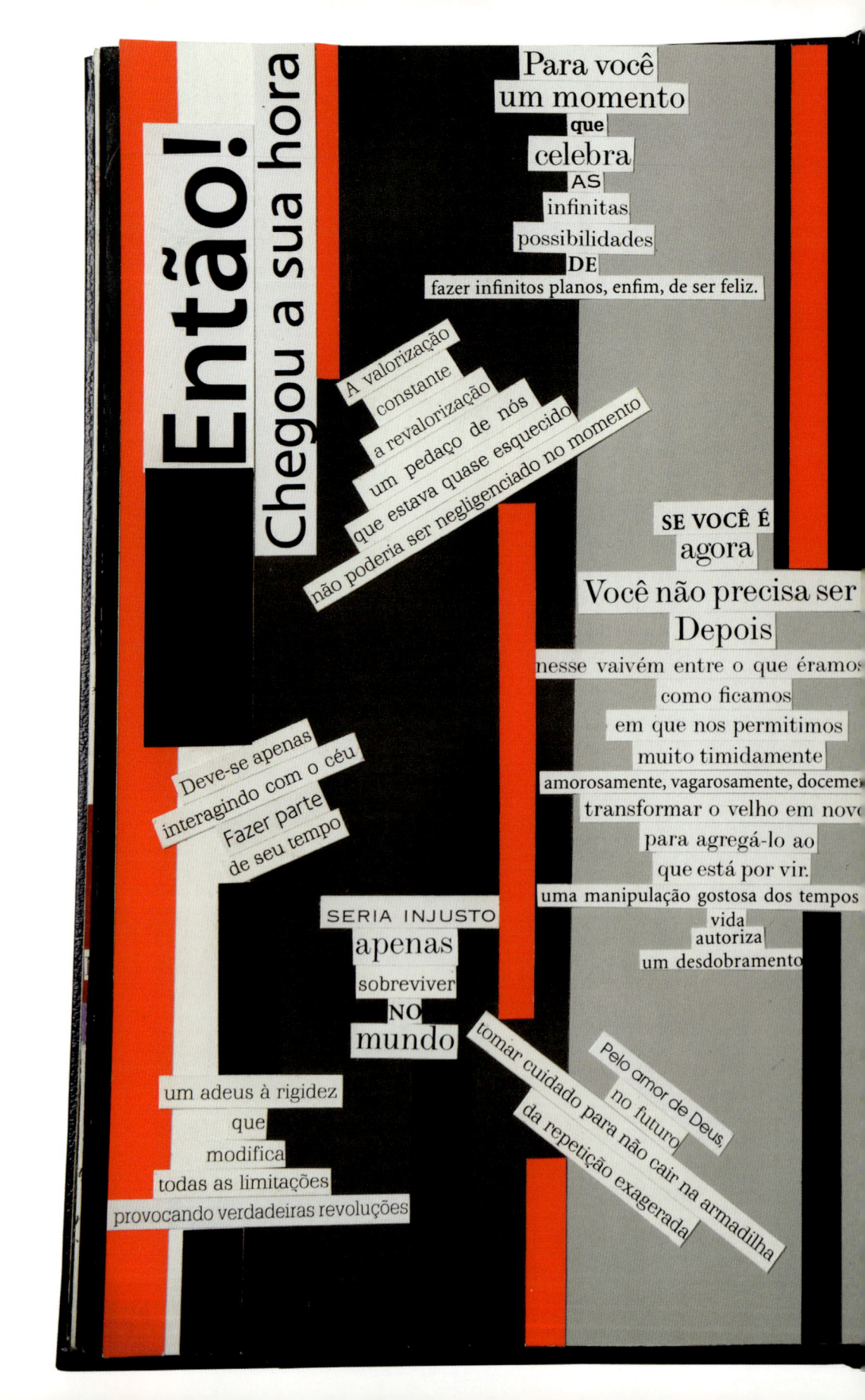

Para você um momento que celebra AS infinitas possibilidades DE fazer infinitos planos, enfim, de ser feliz.

A valorização constante a revalorização um pedaço de nós que estava quase esquecido não poderia ser negligenciado no momento

SE VOCÊ É agora
Você não precisa ser Depois
nesse vaivém entre o que éramos como ficamos em que nos permitimos muito timidamente amorosamente, vagarosamente, docemente transformar o velho em novo para agregá-lo ao que está por vir. uma manipulação gostosa dos tempos vida autoriza um desdobramento

Deve-se apenas interagindo com o céu
Fazer parte de seu tempo

SERIA INJUSTO apenas sobreviver NO mundo

Pelo amor de Deus, tomar cuidado para não cair na armadilha no futuro da repetição exagerada

um adeus à rigidez que modifica todas as limitações provocando verdadeiras revoluções

Expressar nossos hábitos e nosso comportamento ao mesmo tempo
Essa aparente contradição é a essência a energia que impulsiona

quando vem o cansaço
inventar modos de vida futuros ou um amanhã
numa sociedade em crise

o início
explica
o fim
que
escorrega
pelo
tempo
MILENAR

ATÉ O FIM

O tempo? Ora, já passou, mas ainda está e sempre existirá.

Tempo, tempo, tempo...

ao mesmo tempo

de geração a geração
Uma nova geração
sempre oferece
sonhos e aspirações que nos fazem melhor do que somos.
nos permite reencontrar
nossa imaginação

lembra os anos
relembra os tempos
lembrando que
são também a escola da vida

O tempo passa
tempo veloz dos nossos dias ou o tempo
subjetivo
resistente à ação do tempo
tempo que resgata
sua capacidade em adaptar-se

as relações entre gerações e o amor
com dignidade
lições de história
das lembranças
do passado
em outros tempos
que foram eternizados

DEPOIMENTOS

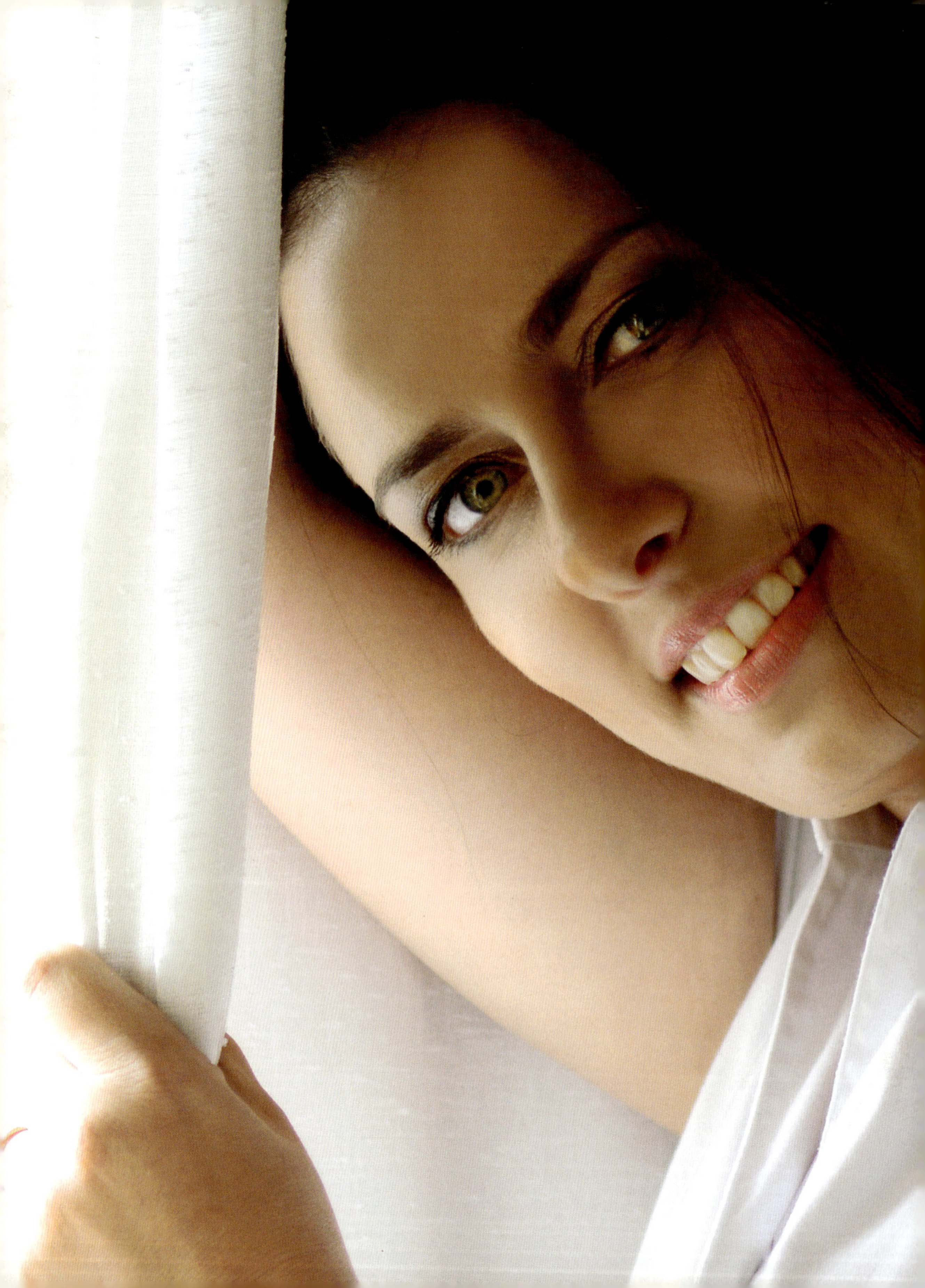

Alessandra

ALESSANDRA DENADAI VITALI BLUM

ARQUITETA

37 ANOS

CASADA

2 FILHOS

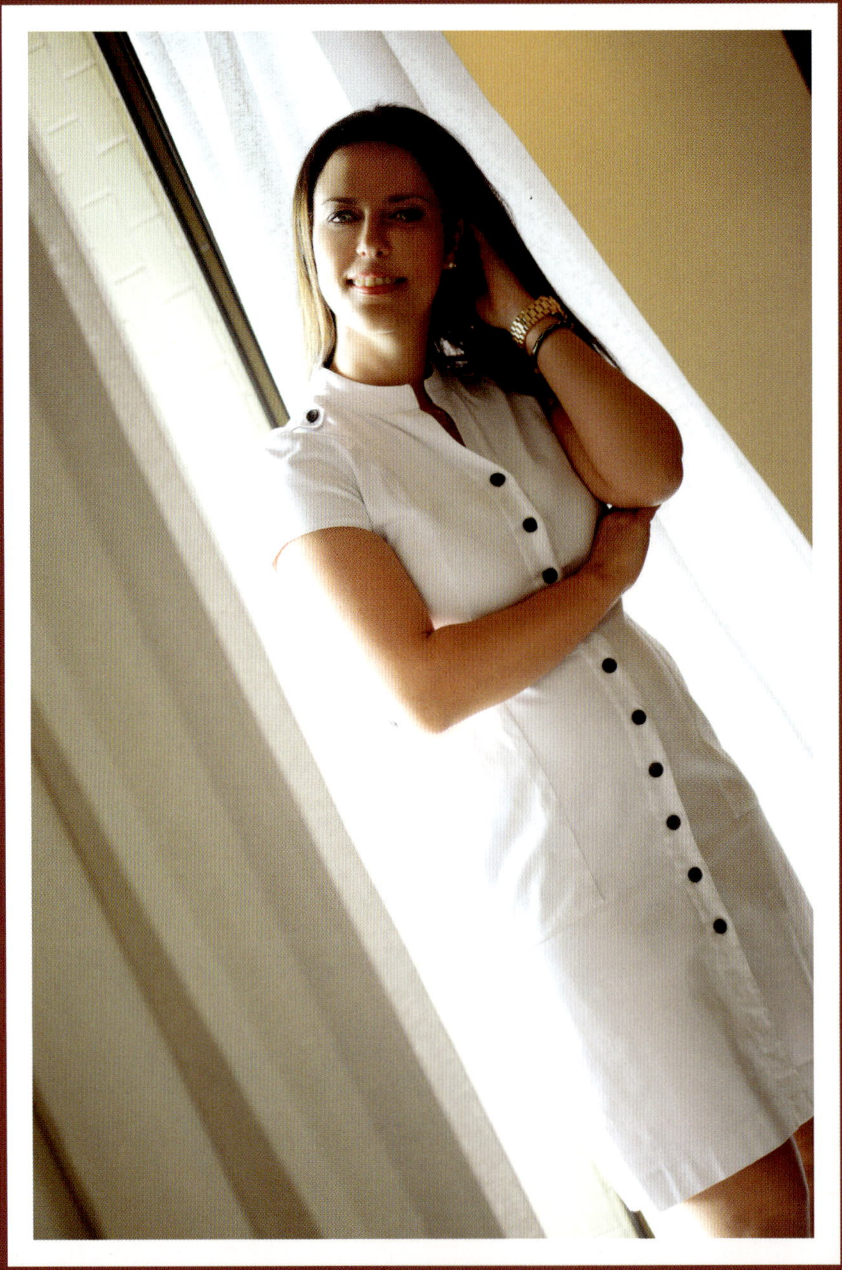

Em 2005, durante minhas férias de verão, comecei a sentir dores na barriga; foi quando eu fiz a colonoscopia e recebi o diagnóstico de câncer no intestino, e que deveria ser operado rapidamente!

De repente, no auge dos meus 29 anos, estava com um resultado em minhas mãos que para mim era novidade — ninguém da minha família, nem dos meus amigos próximos havia passado por isso!

Fiz pesquisas na internet, pesquisas com médicos, procurando uma resposta. Só encontrei notícias ruins... Lógico, o que mais esperar de um diagnóstico de câncer? Não podia ser coisa boa...

Acho que por medo da notícia, logo procurei a médica-cirurgiã e lá estava eu: no dia seguinte, fazendo a cirurgia e já sabendo que após a recuperação, seriam 6 meses de quimioterapia! Sofri antes e durante o tratamento. Seis meses chatos, tristes, com medo e tentando a adaptação com a química e com a nova rotina.

Nossa, como existem coisas difíceis na vida!

Tudo foi deixado de lado: trabalho, sonhos, projetos. Acho que o tempo congelou, o objetivo agora era focar na recuperação, todo o resto podia esperar!

Família e marido envolvidos, sofrendo e torcendo juntos. O diagnóstico da doença, sem querer, afeta a todos ao seu redor. Agradeço ao maridão que me deu coragem para passar por tudo isso.

Mas, passado esse duro período, de enjoos e dores, lá estava eu de volta à rotina, virei a página como se o que aconteceu não tivesse mais importância... Não tinha mais lugar em minha vida... Quer dizer, mais ou menos... tentava esquecer e fingir que nada aconteceu!

A vida estava passando e não havia mais lugar para preocupações e medos. Agora, depois desses anos, acho que o pior já passou e não quero me lembrar dos meses de tratamento que foram tão ruins, mas já passaram... Já guardei esse sentimento bem guardado.

Já tinha até esquecido que Deus existe, mas Ele estava lá...

E o melhor aconteceu em 2007, quando recebi um presente: a gravidez de uma menina! Foi uma mistura e alegria e de ver que Deus havia se lembrado de mim! A minha "fada sininho" voltou dos contos infantis para contar histórias, brincar...

Como pode uma pessoa, após uma doença como essa, conseguir engravidar...

Mas os exames de rotina continuam... De 3 em 3 meses, o medo dos resultados... E a espera dos cinco anos para não haver reincidência.

E, novamente, Deus estava lá... em 2010, nasceu meu menino, e a magia da maternidade me fez voltar à infância, a brincar e contar histórias.

Foi quando novamente o pesadelo aconteceu... No final de 2010, um diagnóstico de metástase no pulmão... Não... de novo não... Que coisa chata! Uma vez não foi suficiente? Por que de novo? Mas eu não estava sentindo nada... Não tinha dor, nada... Não pode ser... Já não estava no quinto ano? Achei que estava curada. Lá vou eu de novo... Cirurgia de pulmão... Mais seis meses de quimio... E essa tal de medicina, onde estava? E a quimio não serviu? Deixou escapar esta célula? É muito azar...

Mas como coisas boas acontecem, as ruins também estão aí para serem enfrentadas.

Tá bom, o que fazer? A fada sininho surgiu novamente das histórias animadas para vencer mais uma vez a batalha. Só que agora com duas crianças pequenas em casa, à espera da mãe! A doença não tinha lugar na minha casa, nem em mim! Procurei manter a rotina das crianças, que eram pequenas e não sabiam o que estava acontecendo. Foi difícil, mas com os medicamentos, os efeitos da quimio foram minimizados. Queria que passasse logo, fazia contagem regressiva.

Acho que a frase que minha avó dizia: "Deus dá a carga a quem pode carregar", foi o que se aplicou ao meu caso.

Muita coisa mudou naquela meninota, muitas coisas de uma realidade que não era minha acabaram por cruzar meu caminho, a dura realidade dos doentes em hospitais, as dores da cirurgia e o medo da morte.

Nessas horas de dificuldade, parece que o tempo para e percebemos a fragilidade da vida, e aí nos apegamos mais ainda à nossa família.

> **"Não podemos prever o futuro, mas acreditar que ele existe, sim, viver o hoje e estar preparado para enfrentar o que aparecer!"**

Estes acontecimentos ficarão marcados lá no fundo da memória e jamais serão esquecidos.

Uma nova personagem surgiu para mudar algumas coisas.

A dedicação que antes era total ao trabalho foi direcionada para a família, a importância de ter um corpo bonito foi substituída por pensamentos positivos, as futilidades foram esquecidas e o lado espiritual aflorado.

Até as amizades mudaram... não sobrou tempo para conversas sem conteúdo e vazias.

O lado duro da vida mostrou que os planos e projetos que fazemos estão sujeitos a mudanças em seu trajeto, e estas mudanças não somos nós quem escolhemos, se aparecerem em nosso caminho, estão aí para serem enfrentadas.

para
Cada ser que aqui habita
o mundo
é mais que um lugar onde as pessoas apenas se preparam
um lugar onde
a vida
recomeça naturalmente
UM
caminho para sabermos quem
somos
trilhando
nossa
jornada
pelo
Universo
Será que com o passar do tempo,
compreende-se a luta pela sobrevivência?
Será que não perdemos tempo
Será que fizemos e recebemos tudo o que a
vida nos prometia até agora?
perguntas que evitamos responder ....
porque
não pretendemos parar de sonhar...
Ainda há tempo
Para
o melhor de todos os tempos
Ah, o comovente impulso humano de melhorar,
de aperfeiçoar-se,
de sempre estar presente
de agradar aos outros,
de tentar, ainda
que sem sucesso,
parecer mais nobre
para si próprio....
Agora, com muita alegria
sobrevivendo felizes

decidimos dar um salto mortal ou mudar
no que for preciso
Planos para o futuro?
transformar
este sonho
que eu achava inatingível
em realidade
É a vitória da persistência
É fundamental ter esta noção que a vida nao é feita
de sucessos ou fracassos
Se Deus quiser
tudo o que acontece
no mundo
tem sua hora
cósmica para acontecer

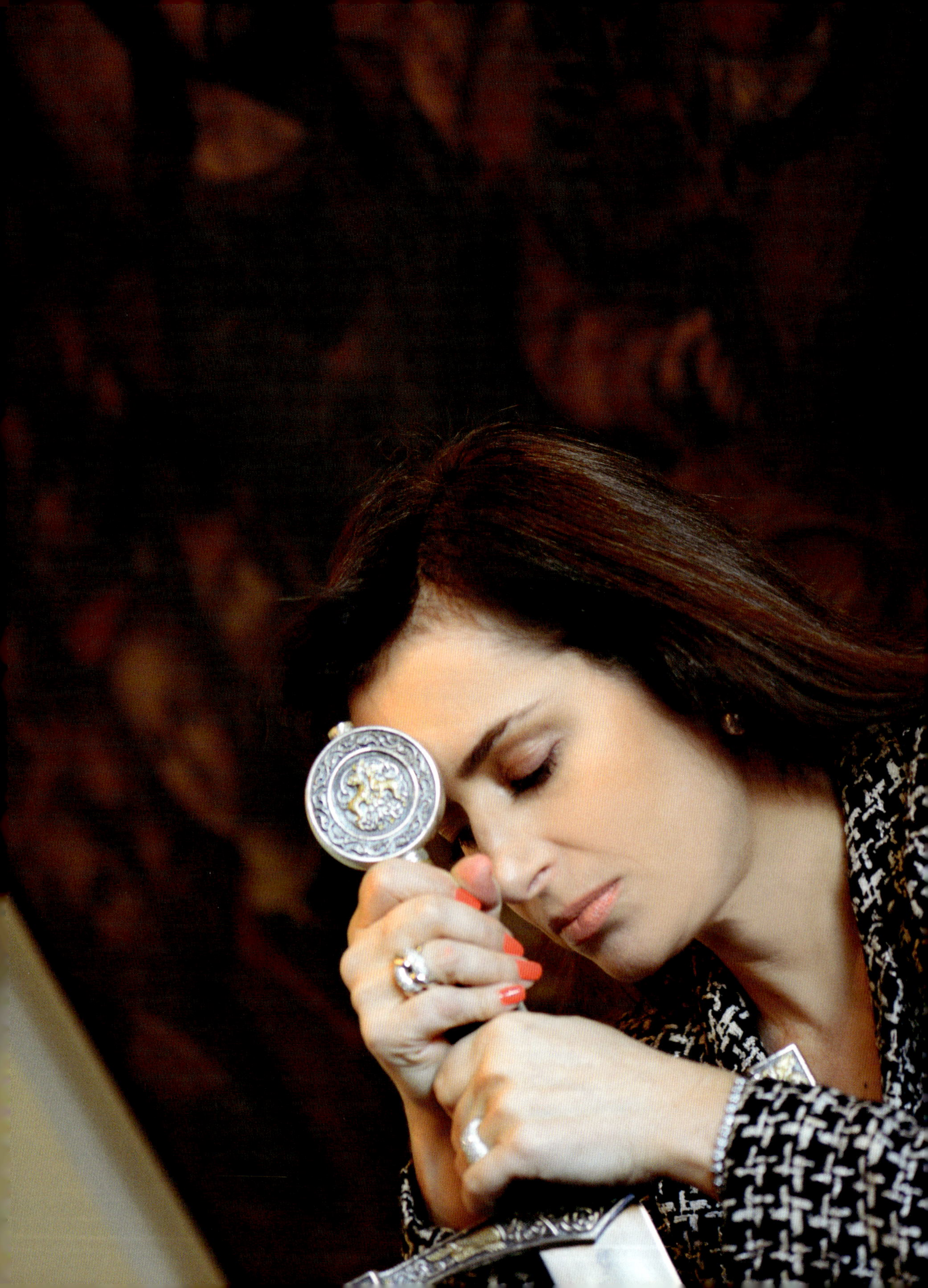

Claudia

CLAUDIA BIASETTON

JOALHEIRA

47 ANOS

CASADA

2 FILHOS

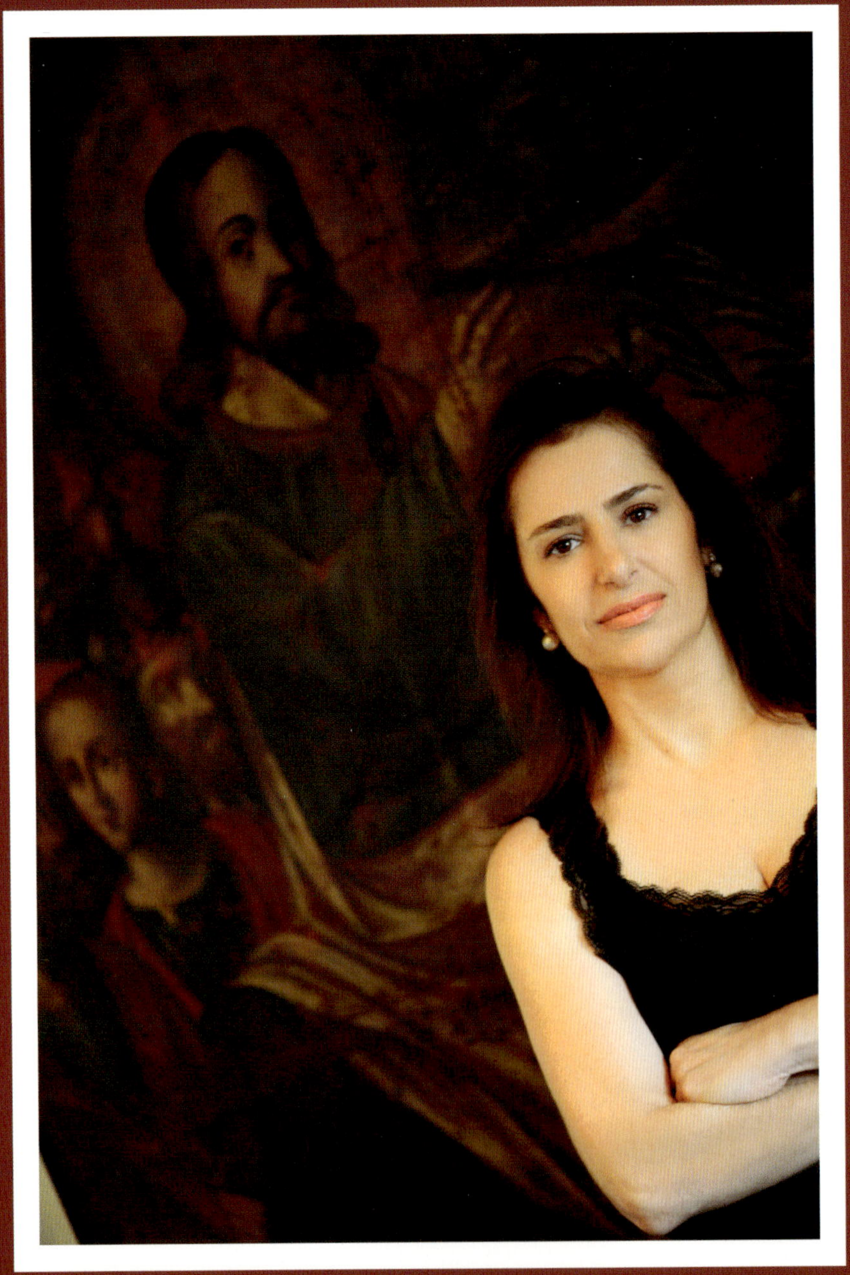

Nesse momento da minha vida eu estava engajada na luta diária pelo sustento da minha família, emprestando toda a minha energia para meu marido, que se encontrava numa transição em sua carreira, na procura de uma nova oportunidade profissional, e com a crise econômica mundial se agravando e atingindo o mercado de trabalho, nossos problemas financeiros se agravaram, comprometendo nosso padrão de vida.

A minha sensação era de estar sendo arrastada por um turbilhão de acontecimentos incontroláveis, onde a cada dia eu precisava negociar as necessidades para manter incólume o cotidiano da minha família.

Tenho um casal de filhos que na época estavam na adolescência e, mediante tantas dificuldades, precisavam ser mantidos em suas respectivas escolas e sustentados em suas atividades na segurança proporcionada pelos nossos recursos, que minguavam assustadoramente.

Estabelecendo prioridades, negligenciei um alerta de diagnóstico anterior, adiando meus exames de monitoramento de um pequeno nódulo benigno. Sentindo dores diariamente, me calava, abstraída em tantos problemas urgentes que solicitavam minha atenção.

E assim, quase por acaso, encontrei minha médica numa festa da escola, pois nossos filhos estudavam juntos. Conversando, mencionei os meus sintomas e ela me examinou rapidamente no toalete, e me solicitou, com alarmada urgência, novos exames com o acréscimo de uma biopsia.

Foi o início de minha jornada solitária, em que, mesmo protegida e apoiada pela família, teria que assumir a responsabilidade pela minha vida, colocando a recuperação de minha saúde acima de todos os outros problemas.

A notícia do meu diagnóstico desestabilizou a todos e precisei reunir as minhas forças na tentativa de manter o equilíbrio e a serenidade, abdicando do meu direito ao silêncio, da minha própria compaixão; precisei consolar e reafirmar minhas crenças apoiando meus familiares. Minha operação foi bem-sucedida e não me penalizou na aparência física, pois tive o privilégio de poder desfrutar dos benefícios da medicina moderna, graças aos médicos competentes que me acompanharam durante o meu tratamento.

Eu me preparei para obedecer a todas as prescrições médicas, e como a quimioterapia e a radioterapia seriam necessárias, decidi assumir sem lamentações as consequências inevitáveis.

Foi, então, que me surpreendi, firme e forte, vestindo uma armadura de combate, literalmente disposta a lutar todas as batalhas, como uma guerreira medieval, para vencer essa guerra travada entre meu corpo fragilizado e a doença insidiosa.

> "Foi, então, que me surpreendi, firme e forte, vestindo uma armadura de combate..."

Amparada pela fé em Deus, pelo amor do meu marido e dos meus filhos, assistida pelos meus pais e por meus sogros, acompanhada por todos os meus amigos queridos, desafiei todos os dias a minha capacidade de encontrar conforto e motivação nas pequenas coisas da existência.

Os efeitos colaterais começaram a se manifestar, e comecei a perder meus cabelos, mas já sabia o que iria acontecer e não me deixei abater. Compensei reagindo pela minha vaidade abençoada, comprei perucas lindas, me maquiava como se fosse a uma festa e me vestia com esmero para continuar sendo elegante mesmo tendo engordado, e a imagem que o espelho me devolvia era de uma outra mulher, que em sua valentia estava apenas de passagem para que eu mesma — a verdadeira — um dia pudesse retornar, triunfante.

Quantas vezes chorei, escondida de todos, escondida de mim mesma; fiz da força e da integridade o meu ancoradouro nas horas vazias do meu desalento; quando solitária, única testemunha do meu desespero, me alimentava de otimismo e esperança, forçando sorrisos e alegrias para enfeitar o mundo ao meu redor.

Fiquei em suspenso, pairando acima do tempo, protelando tristezas no meu desapego, negociando com o cansaço que se instalou, exaurindo a minha vitalidade, lembrando que tudo passa, que não há mal que seja definitivo, que os acontecimentos se alternam e que a minha capacidade de superação transformaria o sofrimento em aprendizado.

Na realidade, eu me surpreendi surpreendendo a todos ao meu redor, porque a guerreira destemida e ousada que me substituiu promoveu o bem-estar, aconselhou e amparou outras mulheres em situação semelhante e manteve a serenidade e a concórdia em seu coração, enquanto toda a minha escala de valores estava sendo questionada.

Aprendi que a solidariedade motiva e engrandece nossas intenções, que ao olhar além dos nossos infortúnios bloqueamos os pensamentos negativos que tanto nos prejudicam, que ao me negar a ser uma vítima eu assumi uma coragem que jamais pensei possuir, que tentando ser forte, eu me fortaleci e continuei interagindo com a vida em igualdade de condições e, principalmente, aprendi que a minha generosidade de sentimentos, o meu senso de dever e a minha consideração pelas emoções de todos ao meu redor me salvou, porque deslocando a minha atenção para os outros, sublimei os meus problemas para me sentir vitoriosa a cada etapa percorrida.

E, ao final desse percurso, recuperada a minha saúde, repaginei os meus conceitos sobre o verdadeiro significado da felicidade e concluí que tenho muito a agradecer a Deus e a todas as pessoas que me acompanharam e me embalaram em suas declarações de amor e compreensão, e, acima de tudo, eu agradeço ser quem eu sou, por toda a minha força e compaixão que sustentaram a minha perseverança na certeza da minha recuperação.

Depois de todo o tratamento feito, atualmente faço exames periódicos que precisam realizados por um período de 5 anos.

Meu marido sempre diz: "Não é possível, mas acho que colocaram criptonita na sua quimioterapia!!!"

Antes do tratamento, eu era uma pessoa mais séria, calada, frágil, mas sempre calma e amorosa. Continuo tentando ser calma, amorosa e atenciosa. Mas falo tanto que pareço uma metralhadora giratória. Mas isso me faz bem, pois converso com todo mundo, tento ser o mais atenciosa possível com o próximo, fazendo toda a diferença na minha vida.

Aprendi a me presentear mais, a escutar o meu corpo, a não fazer tudo ao mesmo tempo, mas sim fazer um pouco a cada dia!

COMO SEMPRE

Hora de mudar

PARA

ser

Obedeça o princípio sem ser subjugado por ele

É UMA FASE

para chegar e sair

APRENDA, DOMINE E DEIXA O RESTO

Comemore o fim

bem longe do fim

para suportar

também

cada ocasião

mais animada

para

divulgar seu manifesto

sua

Displicência

rejuvenescida

revolucionando

OS MOMENTOS

reeditados por um

coração

que

PERMANECE

generoso

e continuar
a
cometer pecados
com muito bom humor
para tomar
champanhe
Fundamental só a FÉ
Na VIDA DIVIRTA-SE

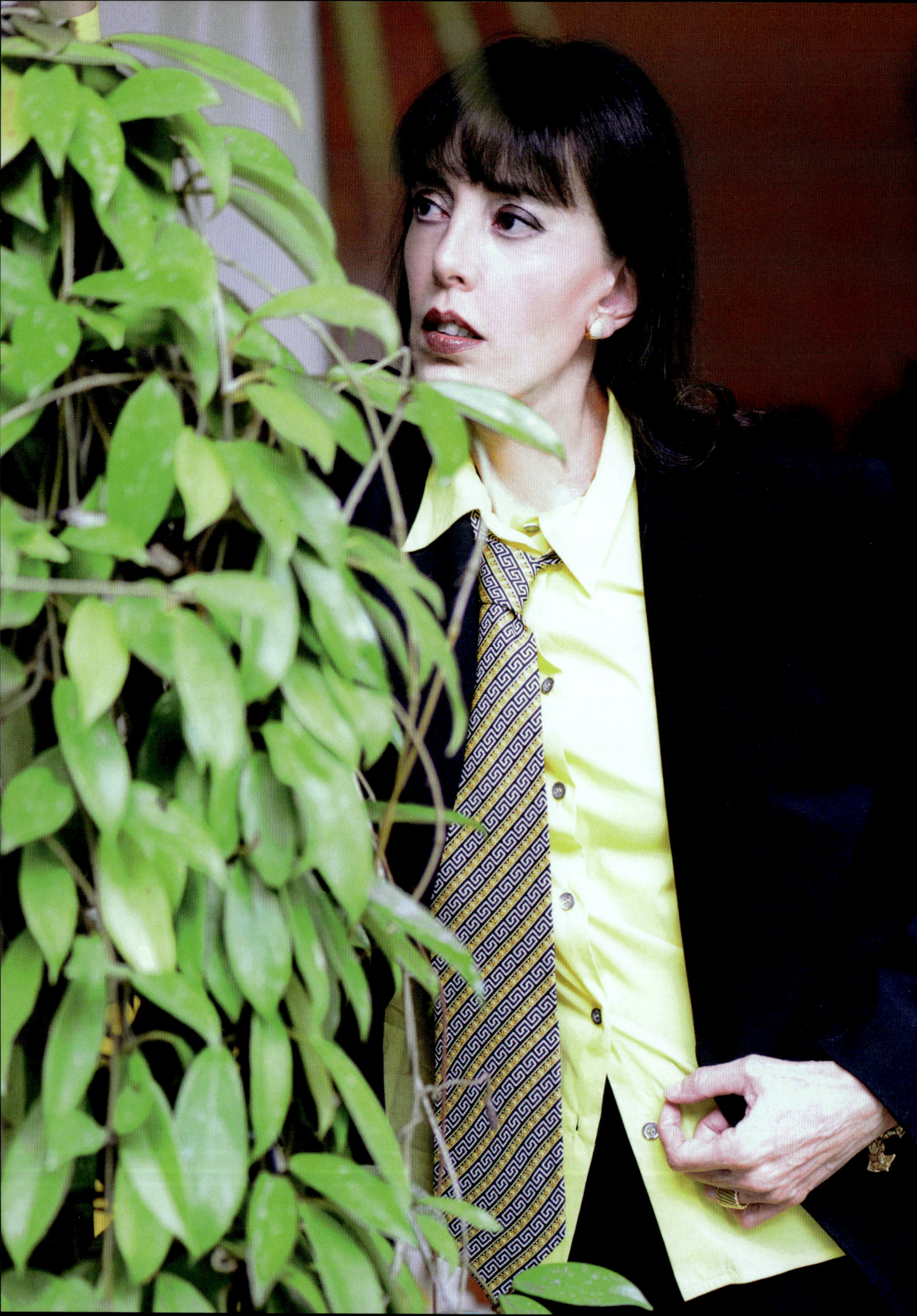

Luisa

LUISA MARIA ALTILIO

COMERCIANTE

62 ANOS

DIVORCIADA

2 FILHOS

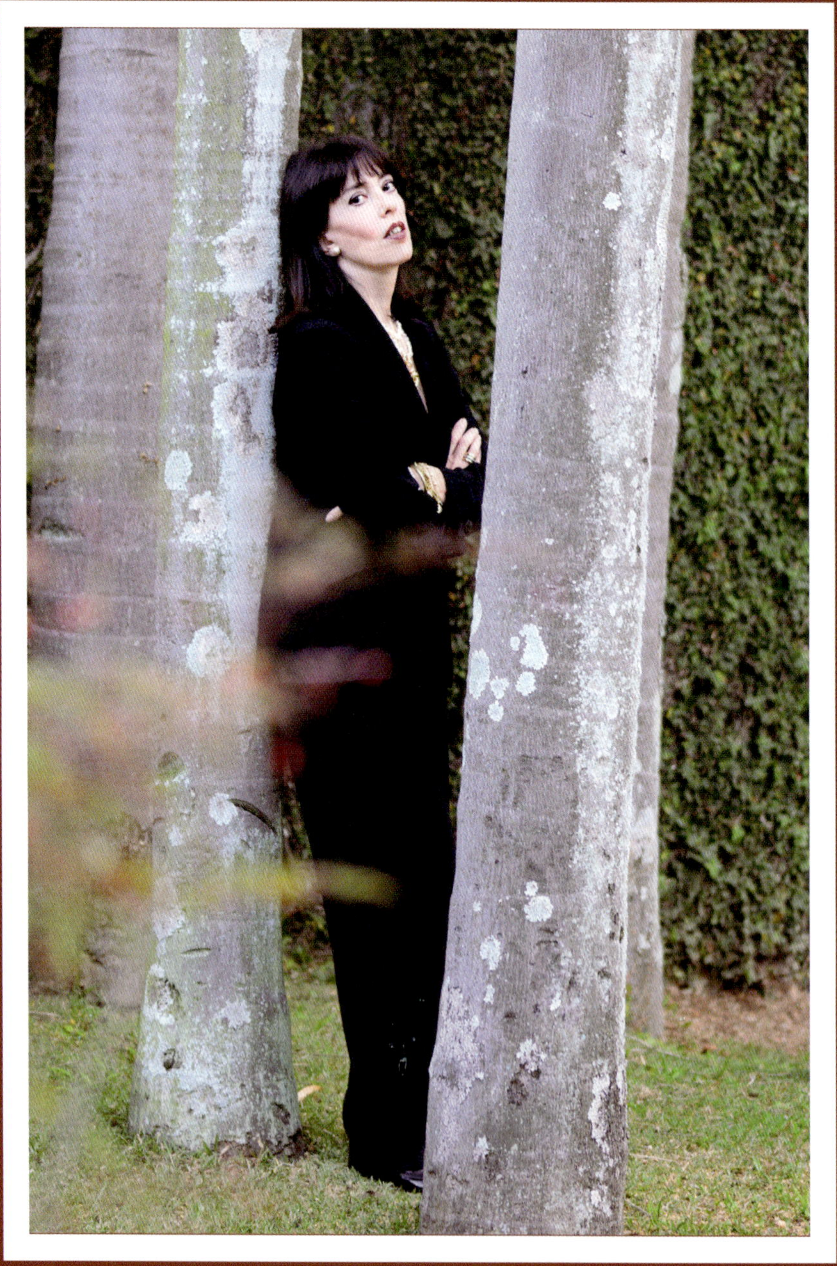

Eu sou uma mulher solitária por opção ou por inadequação.
Dever, responsabilidade e obrigação foram minha prioridade, pela educação e por senso de missão.

Trabalhar, ocupar um espaço social por ação e reação, ser contemporânea, atuando e desenvolvendo meus objetivos, fazendo valer a liberdade adquirida, assumindo riscos e consequências pelas minhas escolhas e prerrogativas existenciais, sempre foram inerentes à minha personalidade disciplinada e contraditória.

Com uma natureza rebelde e um intelecto insaciável, me interessei mais pelas origens da humanidade — que poderiam esclarecer o presente na razão direta do passado ancestral —, do que me iludi com o potencial futuro da civilização.

A minha ambição espiritual me permitiu a procura do autoconhecimento através de ensinamentos místicos e estudos comparativos de seitas, filosofias, textos herméticos e livros sagrados, para saciar a minha curiosidade e a necessidade de justificar os meus anseios.

Sou muito vaidosa, porque considero meu corpo físico o veículo primordial para que minha alma possa se manifestar e evoluir nesse mundo de aparências.

Tenho uma incrível compulsão para me modificar em vez de me ajustar, me transformar em vez de me conformar, e acredito que somente saindo de minhas próprias conveniências e elevando o nível de minha consciência poderei me realizar plenamente.

Vivemos em uma sociedade com valores em transição, que privilegia a instabilidade emocional, onde nada é o que parece ser e o único apoio que possuímos está dentro de nós mesmos, através do aprendizado e da compreensão das nossas limitações e da adaptação às limitações dos outros.

Lutei para que minha inquietação não se transformasse em insatisfação, lutei para que as minha revoltas ocasionais não se transformassem em ressentimento, lutei para controlar o ímpeto das minhas vontades às necessidades cotidianas e, acima de tudo, lutei para manter as minhas ilusões intactas, no turbilhão das carências e decepções dos anos já vividos.

Essa mulher, humildemente arrogante, teve no papel de mãe o seu desempenho mais importante, meus filhos são a minha obra perfeita de doação incondicional e foi na dádiva da maternidade que eu contei as bênçãos e as graças, o êxtase da verdadeira felicidade.

As pessoas fazem e desfazem crises, porém precisam continuar a existir, então a crise passa, mesmo porque tudo cansa, principalmente o sofrimento que nos atinge; a vida é assim e o destino nos prega cada peça!

Sempre fiz acordos comigo mesma, sou uma mulher otimista e, antes de mais nada, sou prática, perante os obstáculos procuro por uma estratégia de superação e sobrevivência para aprender, entre o medo e a coragem, a lição de soberania que o exercício das minhas convicções exige, não adulterando o meu caráter, a minha postura e as minhas intenções nesse processo, porque o desafio de uma transformação de paradigmas é a maior fonte de inspiração para um coração valente, por mais paradoxal que possa parecer.

Quando esse jogo de opostos, vida e morte que se intercalam, começou?

Onde eu estava?

Percorrendo os caminhos, equivocada e sofrida, emocionalmente assustada, substituindo conceitos ultrapassados na desilusão de uma paixão, trabalhando pelo sustento de meu lar, amparando meus filhos adolescentes e tentando extrair independência e segurança financeira pelo reconhecimento profissional.

Os médicos, no diagnóstico alarmante, me sentenciaram a um percurso doloroso, fizeram o seu trabalho com toda a competência e maestria, doando-me a esperança nos seus conhecimentos científicos.

Não me senti perdida, sou fatalista nas minhas crenças e perseverante nos meus ideais de vida para enfrentar os golpes da adversidade sem os considerar como injúrias, ou questionar desígnios de merecimento pessoal.

Usei a minha solidão autossuficiente para me salvar e não repaginei a minha identidade, eu me amo profundamente, tenho mania de mim mesma, acredito na minha capacidade de vencer limitações físicas, de me recriar, abstraindo a dor pela fé inabalável de que a doença é temporária e a cura, para ser definitiva, precisa da minha força em seu trajeto de redenção.

Durante o tratamento químico, me transformei definitivamente numa mulher destemida pela aceitação, me entreguei ao inevitável e relaxei para suavizar a queda vertiginosa, enfrentando a ausência de compaixão e a hostilidade, agradecendo diariamente a energia que me permitia manter as funções inerentes ao meu trabalho, transformei simples deveres em um compromisso obsessivo de eficiência para provar que continuava capaz de manter as exigências do meu cargo.

Houve ocasiões em que a fé me abandonou, me despojando de seu consolo e foi o meu otimismo insano e teimoso que me salvou da desesperança.

Um período onde o amanhã passou a ser apenas uma probabilidade, onde o futuro longínquo deixou de existir, com a vida focada no presente, a minha meta mais pretensiosa era obedecer as prescrições médicas e, no prazo mínimo estipulado, iniciar o processo de reconstituição física.

Circulando pelos acontecimentos desordenados, aprendi a dar mais espaço para que meus valores espirituais se manifestassem e me descobri mais leve, alegre e engraçada, abandonando dogmas e preconceitos para me sentir deslumbrante, comecei a filosofar sobre a sensação magnífica de ter a alma desnudada pela constatação de nossa impotência humana, e iniciei o meu inebriante caso de amor com a vida e todas as suas manifestações, contando para o mundo inteiro como eu era feliz por ser a somatória dos meus erros e acertos, me libertando do estigma de ser uma vítima.

Transpor essa etapa foi um longo caminho, acompanhada pelo meu ego despedaçado e obstinado, na alegria das lágrimas, assumi uma galeria de personagens, oscilando entre os opostos, para harmonizar a realidade, assumi também minhas fantasias prediletas, afinal, somente as heroínas possuem cicatrizes.

Antes e depois, como era, como ficou, como poderia ter sido, convivendo com a pressão, oscilando entre dúvidas e promessas, sendo para ser ou não ser mais, eu venci perdendo, para viver nada mais que viver, uma oitava acima do meu pânico, para me antecipar ao fim que também é o começo, sublimando a dor e sentindo o compasso da existência somente no ritmo do meu coração.

Viver um dia de cada vez...

É muito difícil controlar pensamentos desconexos, acompanhar a sequência de raciocínios que se revezam para nos desestabilizar, encontrar um equilíbrio que, mesmo precário, nos permita um alívio temporário dentro de nós mesmos, apaziguar todos os carrascos e mártires que carregamos e, principalmente, não questionar nossos resgates, para que o diálogo com Deus não seja interrompido no silêncio da preces.

É claro que tive medo, que precisei fingir calma, que me escondi atrás da elegância e delicadeza, entrando numa empreitada de condenação, saindo do conhecido rumo ao desconhecido, alienando expectativas para não demonstrar fragilidade, exigindo de meu cérebro respostas coerentes na necessidade ferrenha de adquirir serenidade para não desapontar e onerar os meus filhos amados, os meus amigos leais e a minha família abençoada.

Um tempo para pensar sem se perder na nostalgia, em estado de vigília permanente, sofrer de solidão criativa e sombria, incólume perante toda a indiferença, em cada gesto, em cada palavra a alegria, em cada sonho sonhado, a magia onírica, entorpecente e inconsequente, e tantas vezes sem saber mais porque me movia, ficar ausente do corpo, exausta e paralisada, na procura transcendente dos motivos e razões para me manter no jogo das possibilidades adormecidas.

Caminhei de mãos vazias, tateando pelos imprevistos, ordenando o caos das angústias do meu presente apressado para me adaptar às novas regras, mapeando os corredores escuros da minha alma e acendendo velas para me guiar no início de uma nova jornada.

O que aconteceu depois do meu indulto patrocinado por Deus foi que mudei para ser eu mesma, uma mulher irreverente no seu individualismo e que tem na sua busca pela liberdade regras próprias.

> "O que aconteceu depois do meu indulto patrocinado por Deus foi que mudei para ser eu mesma..."

Eu me preparei a vida inteira com independência e humor subversivo para ser feliz, muito feliz, procurando entender o mundo de muitas maneiras, e ver a existência de uma forma mais bonita, porque sempre acreditei que toda a generosidade de Deus pode ser preservada no coração para enfrentar os momentos supremos de tirar o fôlego, quando essa vida se torna muito mais difícil do que poderíamos suspeitar.

A minha realidade é de conciliação das minhas vontades frustradas, nessa eterna contradição de lamentar as perdas do que eu quis e jamais possuí, nessa tentativa alucinada de manter a soberania e a paz, sintonizada com as emoções para não esquecer a minha lenda pessoal.

A inspiração transcendeu o drama, superando o emocional para me desfazer da raiva e transbordou sem desperdício do meu ser, e nessa estrada me reinvento todos os dias, porque nada é mais gratificante do que sentir arraigado em nosso íntimo o poder de renascer quantas vezes forem necessárias.

Infelizmente, não será mais possível esconder as imperfeições, fazendo exigências e impondo condições com riso fácil e humor despreocupado, é uma nova perspectiva, chegou a hora da minha transformação, e para entender, pensei lá no fundo, um fundo raso que refletindo o espírito, é fundo de verdade: sou louca e não posso ser outra além de mim mesma. Foi um elogio e uma constatação pacificadora dos meus devaneios pretensiosos.

Agradeço por esta jornada, pelo milagre diário interagindo com a vida amorosamente, docemente e vagarosamente, em evolução constante entrei numa fase de muita maturidade.

Depois de tanto sofrimento é preciso se redimir, entender que a fé nunca foi permeável à razão, que o novo precisa de lucidez para ser assimilado, que as culpas não devem ser substituídas e que para eliminá-las, será necessário uma peregrinação ao passado, revendo valores e conceitos que precisam ser sacrificados por uma nova percepção do que nos envolve e nos compromete.

A vida é empolgante, é quase como eu queria que ela fosse, cheia de ousadias, altos e baixos, rochedos íngremes, paredões intransponíveis, pequenos atalhos, desvios, e entre a terra firme, o pântano e o abismo, avistamos as trilhas que nos conduzem em direção a nós mesmas sob um céu que nos perdoa.

A roda da fortuna completando um ciclo, tem o tamanho dos meus sonhos, me despedindo da rigidez, profetizo a felicidade e a abundância da colheita, o melhor ainda não aconteceu, é o começo de novas experiências, o início de uma outra história.

No espelho reflexivo de minha memória, tenho a consciência iluminada pelo imponderável da matéria, não se trata de metáforas convenientes, o desafio se renova, não tenho nada ao acaso, harmonizo o que gosto às necessidades, sou eu mesma no lugar certo e fazendo uso do subjetivo, considero como a vida é vivida até o seu fim e, daí em diante, até o próximo fim.

Essa vida que me foi doada, essa vida que recebi, que vivi, é minha cúmplice nesse espetáculo ou nessa tragédia, enredo que se torna arte no coração, unindo todos os tempos no tempo, o tempo todo que me resta como protagonista nesse mundo, por tempo determinado, no tempo indeterminado do universo.

Não sou nada e sou tudo, no todo que nos abrange, não existe limite, o limite somos nós, cumprida a missão, nós é que partimos em direção às luzes, viajantes de todos os tempos, a serviço das leis cósmicas, munidos do arbítrio pelo nosso merecimento, além dos julgamentos, do bem e do mal, dos conceitos e veredictos levianos, devemos considerar que, mesmo tendo sido feitos e refeitos de ordinária argila, somos o vaso receptáculo das intenções do Criador, que nos fez divinos em nossa essência imortal à Sua Imagem e Semelhança.

Compreensão, aceitação e adaptação. A vida é generosa quando nos repatriamos para dentro de nós mesmas e resgatamos a nossa essência para receber o milagre da nossa recuperação.

Mais do que se surpreender
de novo...
nos surpreendemos
diante das mudanças que vieram com
os anos
Depois de ver, viver, provar e sentir tanta coisa
compreender
suas necessidades de adaptação
pensar na vida
é um bom exercício
para libertar
Sua identidade
para entender
e começar a se tornar presente
você
encontrou algumas das respostas
na busca de uma
conscientização
maior
porém,
têm muito o que aprender
Para conseguir
encontrar o equilíbrio entre
dois extremos.
A decisão
sempre foi, e continua sendo
sua
mais um desafio,
que
envolve
histórias que se confundem

tentações
vontades, sonhos e determinação.
conseqüências
as frustrações que acumulamos
fraquezas
lembranças
paixões
persistência
Tolerância
ações mais arriscadas
devaneios e fantasias
emoções
a ausência
depressão
alegrias
a hostilidade
o abandono
nostalgia
Deslealdade
tristezas
amor e ódio

e capacidade de perdoar.
Provavelmente,
Para saber exatamente o que posso esperar
preciso primeiro encerrar essa minha fase de
adaptação
angustiante
gerando um momento
mais intenso
Aí vou saber
qual o meu estágio e até que ponto posso chegar.

vou devagar
mas não me canso
da
intensa procura por
novas formas de viver
é uma questão de sobrevivência,
no
mundo
com a intenção de
se recuperar
sempre
com
o enorme poder
de
nossas
preciosas fontes de recursos
que trazem felicidade

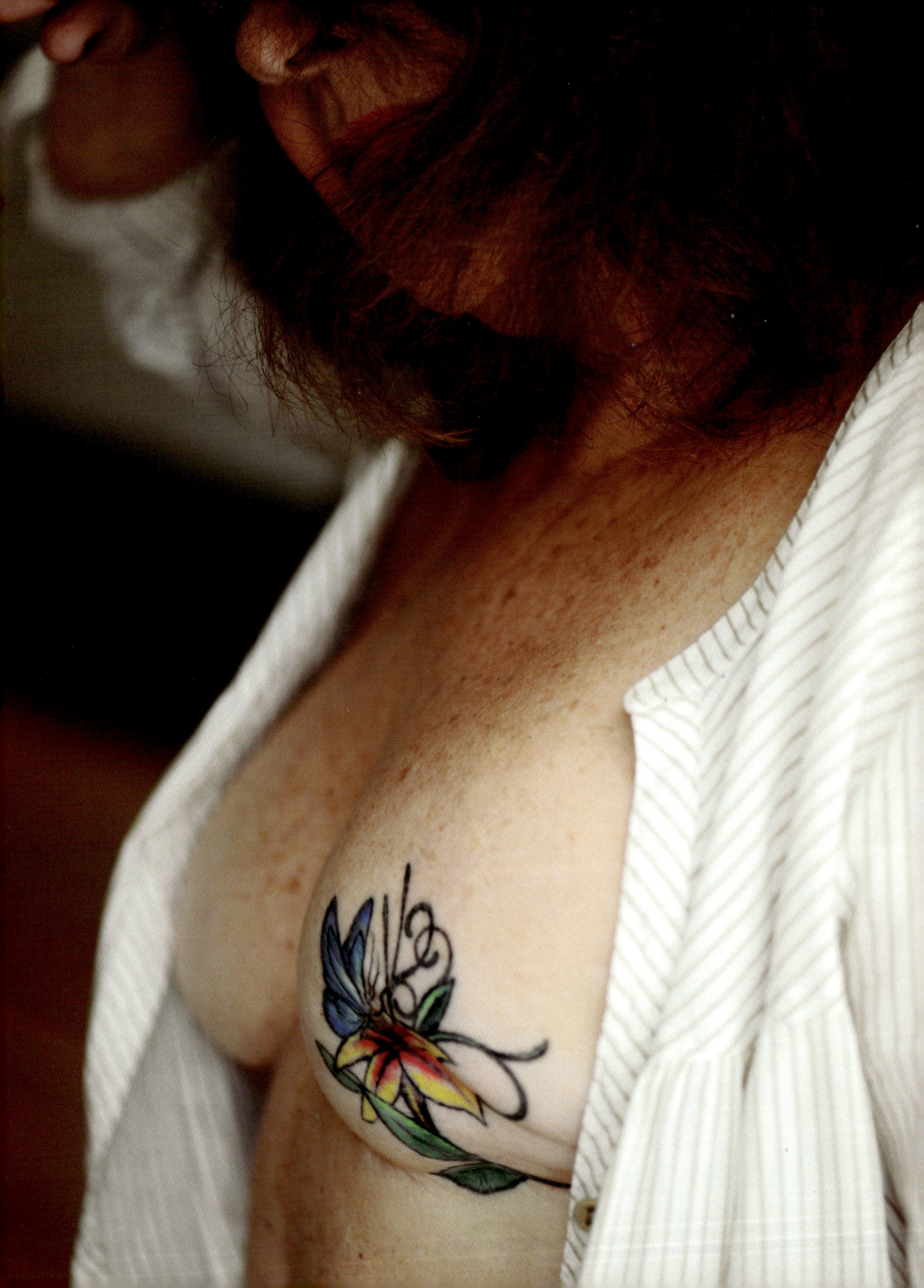

Caia

MARIA CLARA MARREY

EMPRESÁRIA

TERCEIRA IDADE

SEPARADA

4 FILHOS

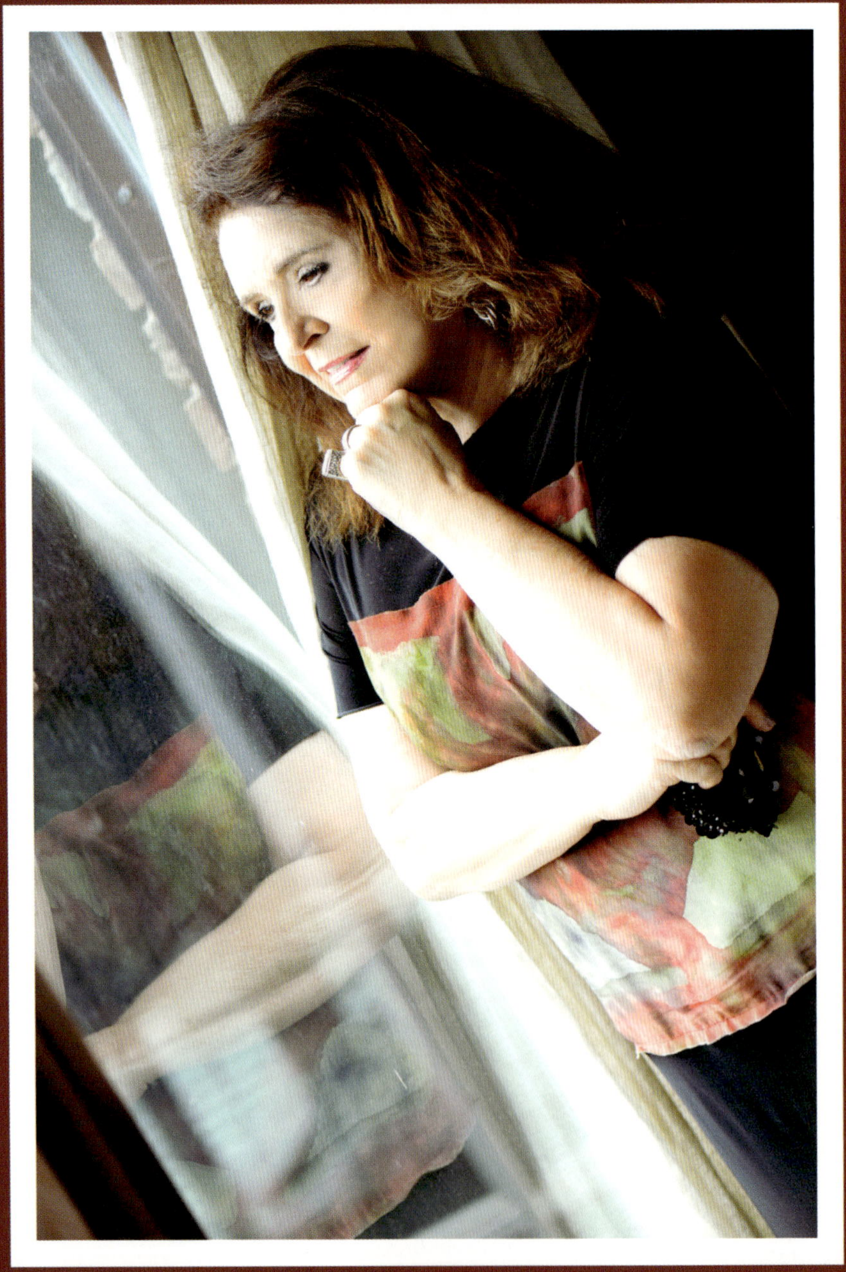

Nasci em uma família sólida, bem constituída, feliz!
Tive pais presentes, amorosos, íntegros!
Fui criada para ser mãe de família, do lar...

Participei, então, de todos os cursos "espera marido" que existiam na época; aprendi de tudo um pouco, formei-me em enfermagem e em artes plásticas; cozinhei, pintei, bordei.

Namorando já há sete anos, de casamento marcado, contraí uma hepatite que me obrigou a ficar de cama por três meses e adiar o casamento!

Primeira frustração, aos 21 anos, o primeiro grande medo...

Casei afinal! Tive meu primeiro filho e quinze dias depois apareceu na minha garganta uma enorme ferida... Diagnóstico? Herpes zoster no nervo facial! Consequência? Paralisia facial total.

Segunda frustração, aos 23 anos, o medo de ficar horrorosa pelo resto da vida, de ser rejeitada!

Tratei com os melhores médicos e recuperei os movimentos! Ufa!!! Fiquei meio tortinha, mas acharam que era um charme!

Levava a vida com alegria, sempre cuidando da família e me dedicando às crianças. Nesta época, vivia um relacionamento no casamento muito intenso, tumultuado, misturado com a família, presa aos paradigmas religiosos do eterno, da união estável e duradoura. Gerei mais três filhos, todos perfeitos e lindos!

Fiz um curso de arquitetura quando já estava na minha quarta gravidez. Quando a pequena foi para a escola, e me sobrou tempo, abri um escritório de arquitetura de interiores e montagem de hotéis. Trabalhei 22 anos na área. Criei muito, realizei muitas obras, fiz muitos amigos.

Se fui feliz? Fui! Mas nem sempre. Era muito solitária dentro de um caos! Podia tudo, comprava o que queria e fui cada vez mais caindo dentro do meu próprio interior, me entregando mais às minhas necessidades. Tentando suprir o que me faltava.

Meu lado mãe, família, falava mais alto, mesmo sabendo que havia uma terceira pessoa em meu casamento.

Terceira grande frustração, aos 35 anos...

Tudo isso gerou uma mágoa imensa. Sozinha dentro de mim! Corroí-me pela culpa que comprometeu o meu emocional.

E eis que caiu uma bomba atômica na minha cabeça; a separação era inevitável e aconteceu, sofri as piores retaliações por parte do homem com quem passei 26 anos da minha vida! Sentia-me culpada, responsável pela ruptura da família!

A maior frustração, aos 42 anos...

Meus filhos se desorientaram e eu entrei em colapso. Saí do casamento em frangalhos, aos pedaços, e precisava loucamente voltar a ficar inteira.

Mergulhei na terapia e na espiritualidade, na qual me fortaleci para viver de novo.

Meus pais maravilhosos nunca me abandonaram, tudo fizeram para me ajudar a sobreviver.

Amigos? Achei que tivesse!

Um dia, olhando no espelho, pensei: se a vida quisesse me castigar, seria com um problema no seio! (Minha sogra morreu de câncer de mama, com muito sofrimento, pois pouco se sabia na época). Aprendi que temos que tomar cuidado sempre com o que desejamos e falamos para nós mesmas.

Voltei a ser eu mesma, inteira, consciente e pronta para trabalhar, porque precisaria me sustentar.

Contei muito com a ajuda de uma terapia yunguiana, na qual trabalhei com simbologia a minha história. Fiz terapia de grupo, e psicodrama com o Dr. Máximo! Foi quando me descobri, de fato, e me conheci inteiramente. Minha salvação e superação. Reconheci minhas perdas, minhas dores, meus erros, minhas frustrações e medos.

Em um exame de rotina, quando fiz minha primeira mamografia, foi descoberto um câncer nos dutos mamários. (As palavras têm poder!) Completamente sem energia, procurei um acupunturista chinês, que quando pegou meu pulso para o primeiro exame, disse: "Muita mágoa, minha filha, em cima do coração".

A mágoa, nas inúmeras situações de medo, de perda, criou a doença no veículo que levava o leite, o alimento aos meus filhos.

Outra frustração, aos 51 anos... câncer.

Tinha que tomar uma atitude: operar!!! Optei por uma cirurgia mais invasiva, retirando todos os dutos e os gânglios axilares. A reconstrução foi feita em seguida, me poupando da dor da mutilação. Mais uma perda, mais uma queda...

Passados três anos, deveria trocar uma das próteses da mama esquerda e, por erro médico, cortaram a raiz da mama, que sem irrigação, começou a necrosar depois de uns dias. Ela retraiu, ficou um buraco! Parecia uma laranja ao contrário. Tive, então, que me submeter a mais uma cirurgia plástica, mas não conseguiram salvar o mamilo. Fiquei muito mal! Chorava, porque doía muito! Sentia-me derrotada.

Mais uma vez... aos 54 anos.

Achava que desta queda não me levantaria!

Mas, como uma fênix, renasci!

Fui aconselhada a fazer uma tatuagem de mamilo na mama. Quando cheguei lá, desisti e acabei por tatuar os lábios e os olhos... que loucura! Mas valeu...

Foi quando tive a ideia de tatuar uma flor cobrindo a cicatriz; uma tatuagem que eu gostasse e com a qual me identificasse. Desenhei uma flor de lótus, que possui o mesmo significado da fênix — aquela que renasce das cinzas —, algo que fazia parte da minha inspiração sempre que estava triste.

Com o desenho pronto, fui a um estúdio profissional e pedi a tatuagem de acordo com meu desenho, a minha flor no peito; já que parecia que minha vida estava recomeçando. Que bom que tive a coragem de me tatuar!!! Coragem de me sentir nova.

Superei o meu problema graficamente, acho o máximo a minha tatoo. Mostro com prazer para as mulheres que estão sofrendo como eu sofri.

Pessoas especiais me acompanharam na vida e me ajudaram muito durante todo o meu processo de transformação.

Meus filhos se reaproximaram de mim; hoje tenho uma família linda, netos maravilhosos. Não fico feliz sem eles!

Sou uma mulher que luta pela vida e pela minha subsistência todos os dias. Tornei-me muito ativa, bem relacionada num contexto de comunidade, de pessoas que se importam, se integram e se interagem. Sou ligada no mundo, independente, não paro, não quero parar, quero ser assim e faço as coisas do jeito que acho que tem de ser, seguindo o bom senso que a terceira idade propicia.

Mas erro muitas vezes!

Sou ligada na vida, quero ser feliz no lugar em que vivo, num espaço que me agrada e que preservo para quem vive nele, luto pela sua energia e pela energia das pessoas que estão à minha volta.

Minha identidade continua a mesma desde quando resolvi superar os meus obstáculos. Sou eu, sempre, mas compartilhando minhas experiências em tudo e com todos.

> **"Sou uma lutadora, perdedora algumas vezes, vencedora quase sempre! Aprendi a lidar melhor com os sofrimentos e perdas. Não perdi, ganhei!"**

Minhas palavras são PERDÃO, CORAGEM, SUPERAÇÃO E RENASCIMENTO.

Significado de Renascer
v.i. Nascer de novo: *a Fênix, segundo a mitologia grega, renasceu das próprias cinzas.* Crescer de novo, rebrotar: *as flores renascem na primavera.* Fig. Recuperar forças, reviver: *renascer após longa enfermidade.*

Obrigada, Deus, por me dar a chance de melhorar!

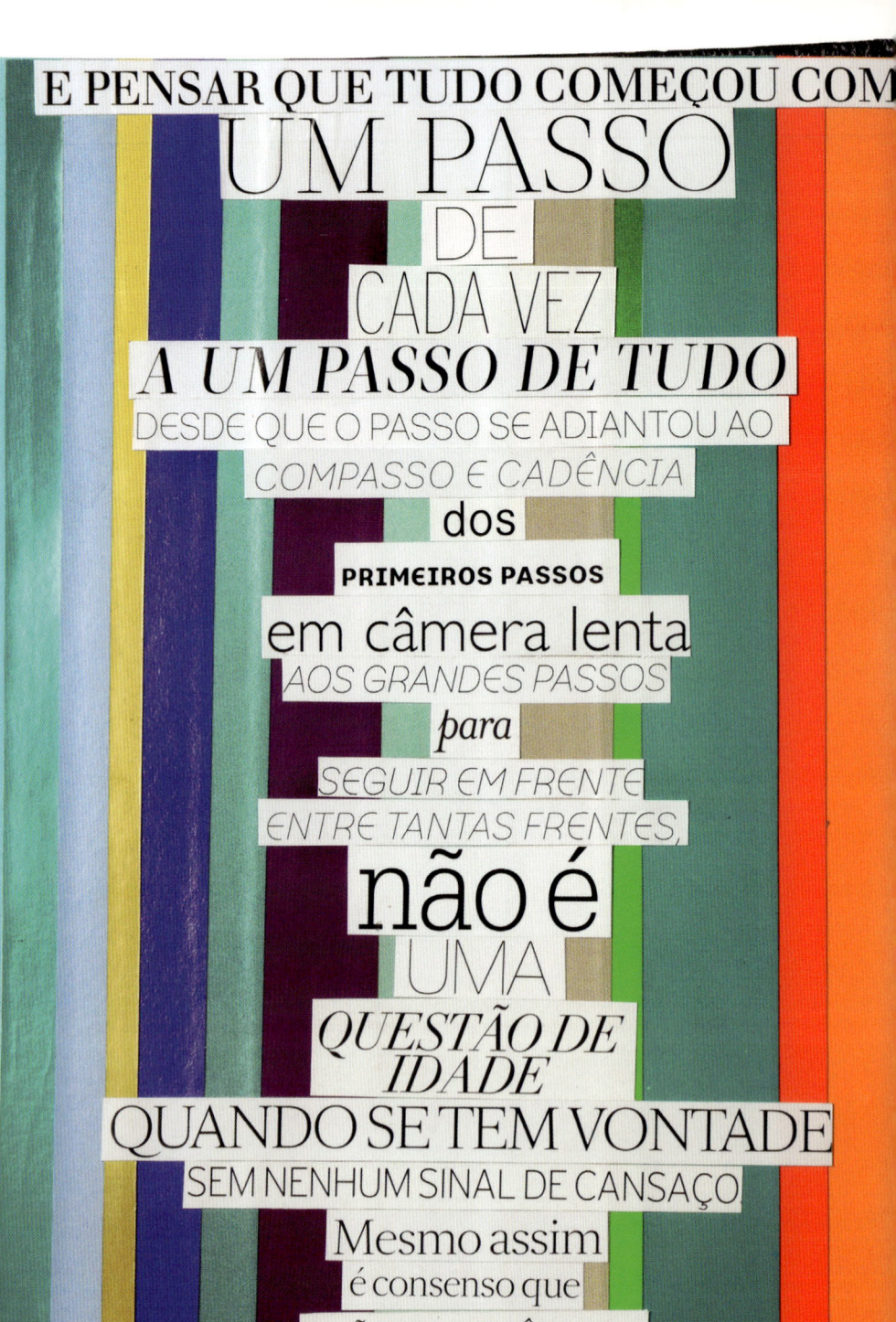

E PENSAR QUE TUDO COMEÇOU COM UM PASSO DE CADA VEZ A UM PASSO DE TUDO DESDE QUE O PASSO SE ADIANTOU AO COMPASSO E CADÊNCIA dos PRIMEIROS PASSOS em câmera lenta AOS GRANDES PASSOS para SEGUIR EM FRENTE ENTRE TANTAS FRENTES, não é UMA QUESTÃO DE IDADE QUANDO SE TEM VONTADE SEM NENHUM SINAL DE CANSAÇO. Mesmo assim é consenso que NÃO SOU INGÊNUA A PONTO DE PENSAR QUE SERÁ DIFERENTE COMIGO QUANDO EU COMEÇAR A ME TRANSFORMAR FISICAMENTE.

TÊM MANIA DE VOCÊ

O desfecho dessa história fica
para
amanhã
SE TRANSFORMA
ENCERRA A
melancolia
SUA DEVOÇÃO
pela
VOLTA DOS QUE NÃO FORAM
pelo
que
NÃO ACONTECEU
MAS O RESULTADO É SEMPRE O MESMO
você se esconde
num
MUNDO DOS CONTOS DE FADAS
Lúdico e
sombrio
LONGE DO INSENSATO MUNDO
que construímos
como
Hóspedes mimados
ANARQUIA
O FIM DO MUNDO
POR UM MUNDO DE SENSAÇÕES
E DESEJOS IMEDIATOS
nostalgia
pelo
VELHO MUNDO
abandonado

MAS O MUNDO NÃO É O QUE NÃO PODE SER

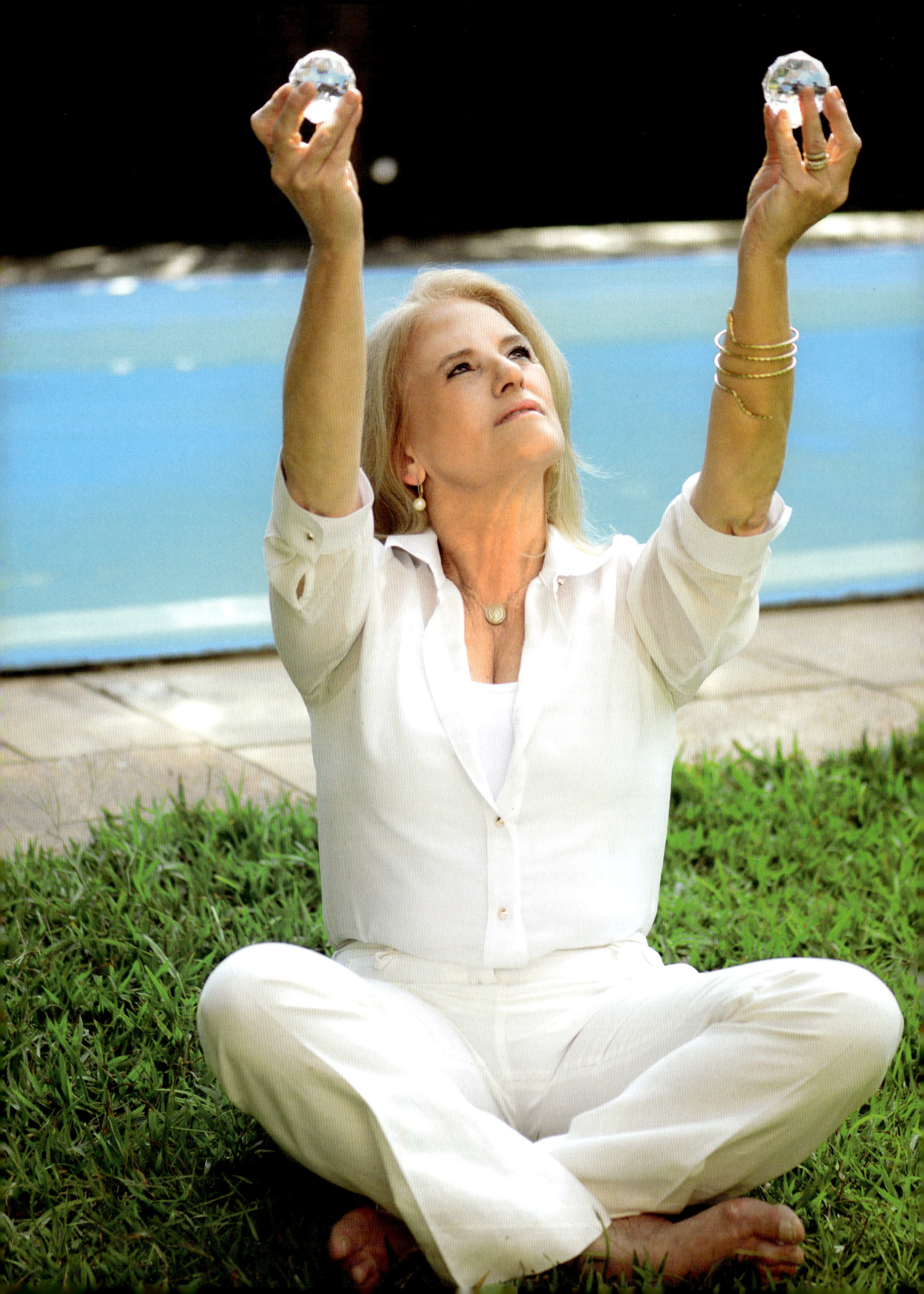

Cris

MARIA CRISTINA TEDESCHI

DECORADORA E CONSULTORA DE FENG SHUI

62 ANOS

VIÚVA

SEM FILHOS

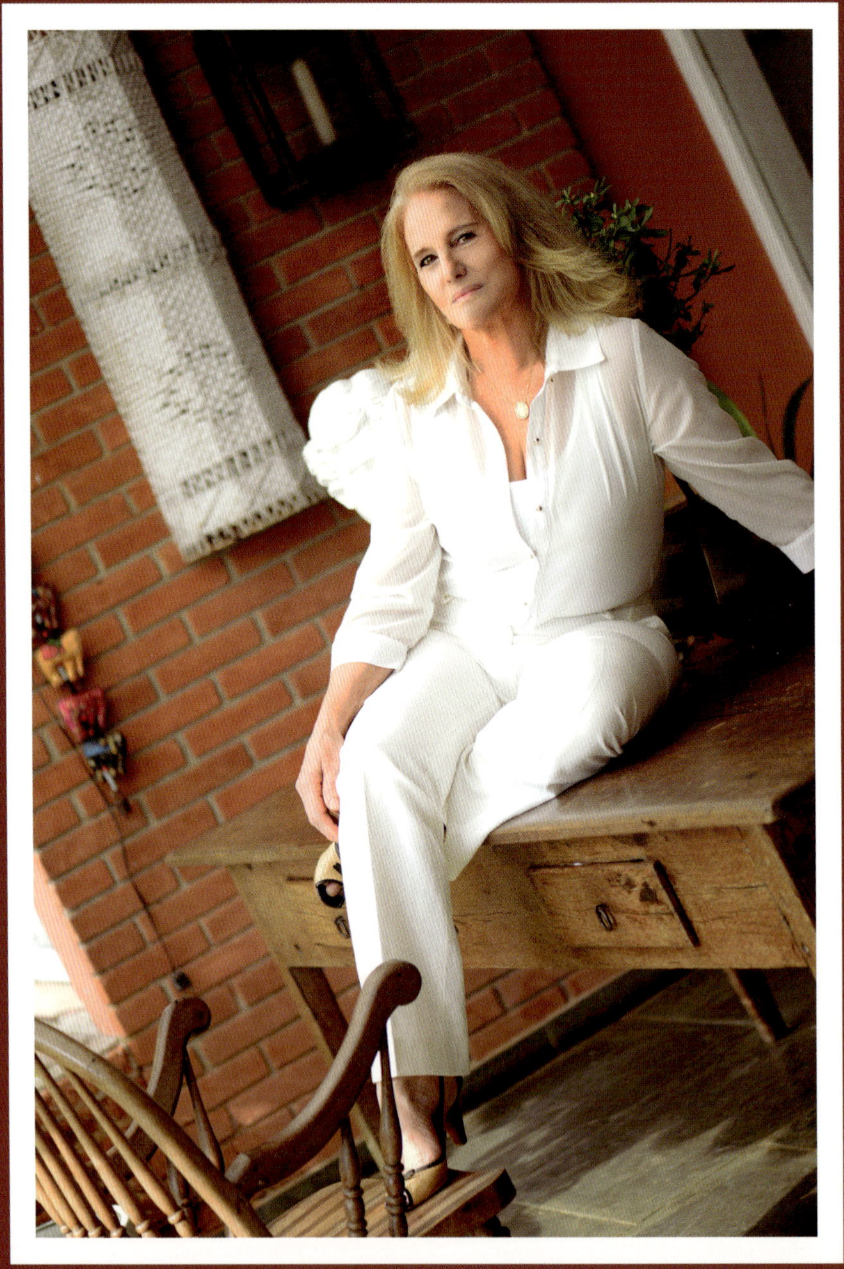

1995. No início deste ano eu estava bem, minha casa nova ocupava meu tempo com os detalhes da decoração, mas sentia que minha saúde estava debilitada; achei que fosse cansaço, mas alguma coisa me dizia que era sério.

Fazia alguns anos que estava passando por grandes desafios, como uma separação traumática, assalto com violência física e doença em família. Eu estava amortecida, pois não sou de contar o que sinto, guardo, e depois choro em um dia só por tudo o que me fez sofrer.

Já estava em um outro relacionamento e feliz, pois achei que tudo tinha passado, mas aí veio a bomba.

Comecei a procurar um diagnóstico para o que estava sentindo, mas os cinco médicos que procurei diziam que estava tudo bem.

Alguma coisa dentro de mim dizia — continue sua busca, e mesmo já sem vontade, descrente, procurei uma médica proctologista que diagnosticou um câncer em estágio inicial. Estágio inicial? Era câncer, e esta palavra causou um misto de perplexidade, medo e alívio. Sim, alívio, por alguém ter descoberto o que eu tinha.

A única coisa que consegui dizer foi "como a senhora é linda" e ela me olhou, com certeza achando que eu tinha surtado.

O caminho para a minha casa nunca foi tão longo, pensei em tudo, chorei, tremi, pensei no que tinha feito e não tinha feito da minha vida, me senti muito só.

Meu marido estava na sala me esperando para o jantar, quando contei que estava com câncer de reto. Ele me olhou, ficou bravo, subiu e foi dormir. Eu não sabia se gritava, ia embora, batia nele, chorava ou reagia, e eu resolvi reagir.

No dia seguinte, mais calma, entendi a reação dele. Acostumado a me ver como uma fortaleza, quando sentiu minha fragilidade, não soube como lidar com isso.

Todas as pessoas para quem contei ficavam me olhando, sem saber se riam, mudavam de assunto ou se despediam. O câncer, 18 anos atrás, era quase uma sentença de morte, mas em nenhum momento eu senti que não daria certo, sabia que tudo acabaria bem.

Alguns dias antes, fiz todos os exames e marcamos a cirurgia para o dia 9 de novembro.

Fui ao shopping, comprei as camisolas mais bonitas que encontrei, os chinelinhos combinando, fui ao cabeleireiro e estava pronta para a minha viagem ao desconhecido.

9 de novembro de 1995.

Cheguei ao hospital fingindo estar ótima, mas estava apavorada. Parecia uma "mãe de santo", pois levei incenso, velas, cristais, santinhos da minha devoção (eram seis), orações, enfim, tudo o que pudesse me proteger.

Estava arrumada, cheirosa, e o médico era lindo, então, eu queria estar bem bonitinha (parecia que assim ele iria cuidar melhor de mim). Que bobagem! Mas a gente se apega a essas crendices, e são elas que nos dão coragem e motivo para continuar.

A maca chegou, meu Deus, que medo. Quando olhei para meu marido, meu pai, irmãos e todos que estavam ali e vi a reação deles com um sorriso de quem não tem nada para sorrir. Dei um tchauzinho, e fui muito bem até me colocarem na mesa cirúrgica. Quando olhei para aquele lugar, entrei em desespero, levantei da mesa e fui para a porta de saída do centro cirúrgico dizendo que não queria mais operar.

Quando acordei, 11 horas depois, já estava na UTI e a operação havia sido um sucesso.

Fui para o quarto me sentindo uma "marionete", cheia de fios, mas não senti dor, apesar de ter sido uma cirurgia bem grande. Dois dias depois, já estava ótima, tomando banho, andando um pouco e emocionalmente bem.

Fui para casa e, quando cheguei, desabei, chorei muito, fiquei brava, triste, alegre, tudo ao mesmo tempo. Tinha mudanças de humor, mas, aos poucos, foi passando.

Minha querida amiga Luisa Maria Altilio entrou e mudou minha vida. Comecei a fazer mapa astral (sem nunca ter estudado). Minha espiritualidade estava à flor da pele. Consegui, através do mapa, ver fatos como em um filme. Fazia cursos de Feng Shui, coisas que eu nunca tive tempo de estudar ou me aprofundar. Isso me fazia bem. Minha irmã Marília, que todos os dias ia refazer meus curativos, meu amigão André, que foi o primeiro a me visitar em casa, meu marido e grande companheiro, que hoje já não está mais aqui. Agradeço muito a todos os que me deram força, os que brigaram comigo, os que me acariciaram e os que me desafiaram a seguir em frente.

Minha estima estava baixa, engordei dez quilos que pesaram mais na alma do que no corpo, meu cabelo ficou branco aos 45 anos de idade.

Meu marido não sabia demonstrar o quanto esteve preocupado e triste, mas sabia me emocionar como na atitude de me dar uma linda camisola preta transparente e um cartão em que estava escrito "te amo hoje mais do que nunca". Naquele momento, desabei e choramos abraçados por algum tempo e agradeci a Deus pela nova oportunidade que a vida havia me dado.

Minha vaidade foi afetada pelo tamanho do corte na minha barriga, ficou horrível, mas quando o médico me pediu desculpas pelo "estrago", eu disse "esta é a marca da nossa história".

Decidimos viver na fazenda por um tempo, restaurar a casa centenária e foi lá, no meio da natureza, em silêncio absoluto, uma paz imensa, que me encontrei.

Guardei os sapatos de salto, os vestidos, as joias e me vesti de Cristina, simples, de botas, jeans, com as mãos sujas das flores que plantava, fiz uma horta orgânica, tive 16 cachorros, papagaios, araras, enfim, naquele pequeno paraíso eu consegui ver as "cores da vida".

Quando me pediram para dar este depoimento, achei que seria difícil, pois teria que reviver cada passo dessa jornada, mas agora, terminando, vejo que esta doença aconteceu para que eu mudasse de uma forma ou de outra, a escolha seria minha.

Claro que a vida após o câncer não foi fácil, muitas coisas aconteceram, muitos e grandes desafios foram enfrentados, mas tive uma segunda chance e isso me fortaleceu e fez mais do que nunca com que eu seguisse minha intuição. Ainda choro as perdas, celebro os sonhos e luto a cada dia para ser uma pessoa melhor.

Anjo, princesa, fada ou alquimista.

> **"A vida é uma peça de teatro que não permite ensaios. Por isso, cante, chore, dance, ria e viva intensamente, antes que a cortina se feche e a peça termine sem aplausos."**
> *Charles Chaplin*

RECOMEÇAR – Carlos Drumond de Andrade

Não importa onde você parou... em que momento da vida você cansou.
O que importa é que sempre é possível "recomeçar".
Recomeçar é dar uma nova chance a si mesmo
Renovar as esperanças na vida e o mais importante
Acreditar em você de novo.
Sofreu muito neste período?
Foi aprendizado...
Chorou muito?
Foi limpeza da alma...
Ficou com raiva das pessoas?
Foi para perdoá-las um dia...
Sentiu-se só por diversas vezes?
É porque fechaste a porta até para os anjos...
Acreditou que tudo estava perdido?
Era o início da tua melhora
Pois é... agora é hora de reiniciar... de pensar na luz...
De encontrar prazer nas coisas simples de novo
Que tal um corte de cabelo arrojado... diferente?
Um novo curso... ou aquele velho desejo de aprender a pintar... desenhar...
dominar o computador ou qualquer outra coisa...
Olhe quanto desafio, quanta coisa nova nesse mundão de meu Deus te esperando.
Tá se sentindo sozinho?
Besteira... tem tanta gente que você afastou com o seu "período de isolamento"
Tem tanta gente esperando um sorriso teu para "chegar perto de você"
Quando nos trancamos na tristeza
Nem nós mesmos nos suportamos
Ficamos horríveis
O mal humor vai comendo o nosso fígado...
Até a boca fica amarga...
Recomeçar... hoje é um bom dia para começar novos desafios.
E é hoje o dia da faxina mental...
Jogue fora tudo o que te prende ao passado... ao mundinho de coisas tristes...
Fique pronto para a vida.

contemporaneamente ser e não ser,
no limite entre passado e futuro, capaz de dar,
em um momento de serenidade,
uma forte sensação do presente

Agora, você decide

Momento ideal para a reflexão.
subverter a percepção
para dar oportunidade a questionamentos
A negação de códigos estabelecidos,
dos meios para atingir os fins pretendidos
Redimensionamos
a solução certa
Mas, principalmente, é preciso ter em mente
ser compreendida a partir de diversos pontos de vista.
mais uma vez pesquisando os limites
Reconsideramos o raciocínio anterior
para repensar
As profundas modificações que ocorreram
processo de contínua mutação.
necessidade de
observação cotidiana de cada situação
aproveitar qualquer oportunidade
favorecendo
as possibilidades que se apresentem;
Não devemos
somente pensar nas necessidades que temos
mas também olhar para o futuro.
e compreender
o universo que nos rodeia,
Um retorno ao início,
Reinventando
o ponto de partida da busca
mostrando que é possível
uma
constatação,
"não sei
onde estou indo,
mas estou no meu caminho"

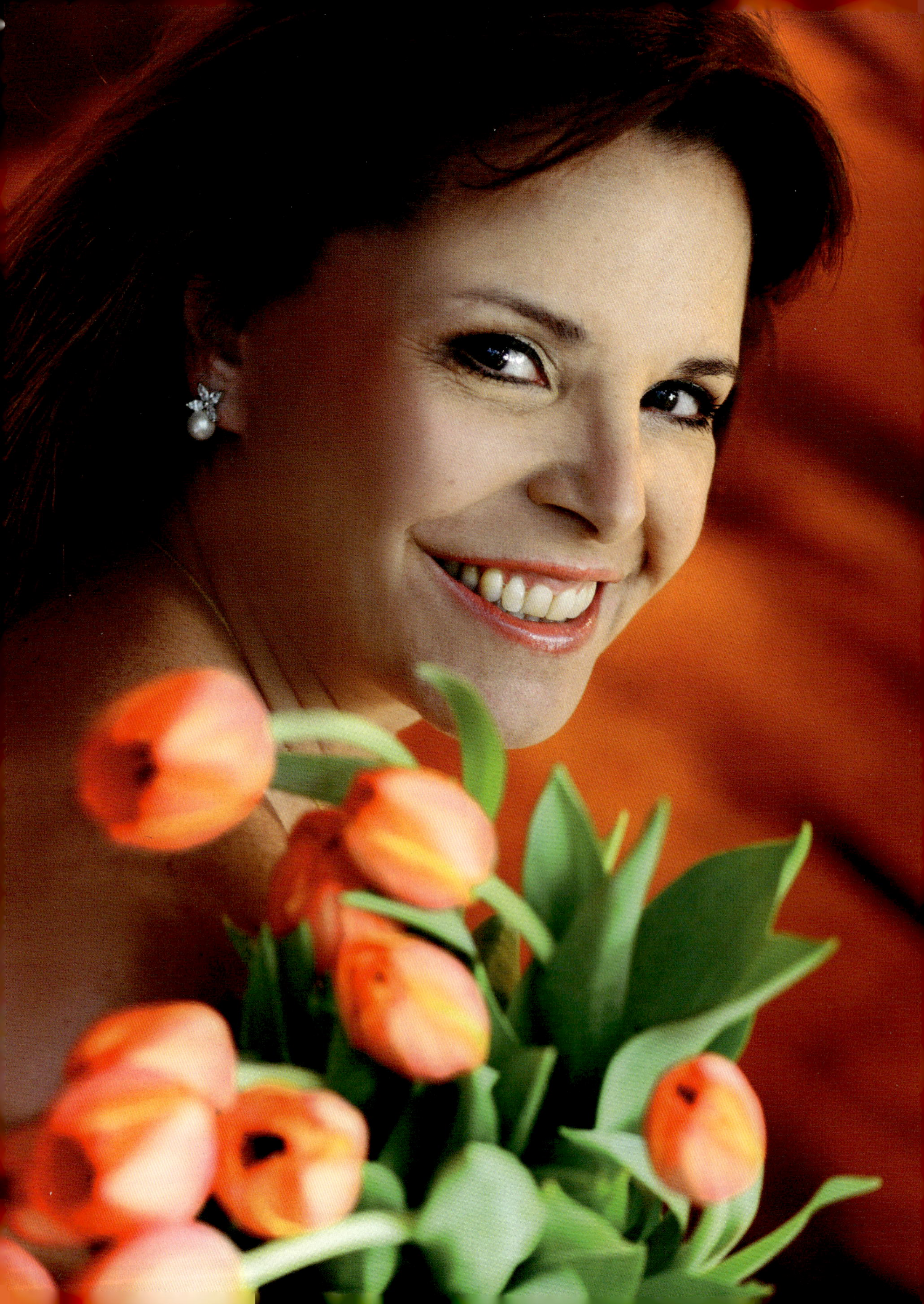

Marina

MARINA PENTEADO FERREIRA

EMPRESÁRIA

53 ANOS

DIVORCIADA

2 FILHOS

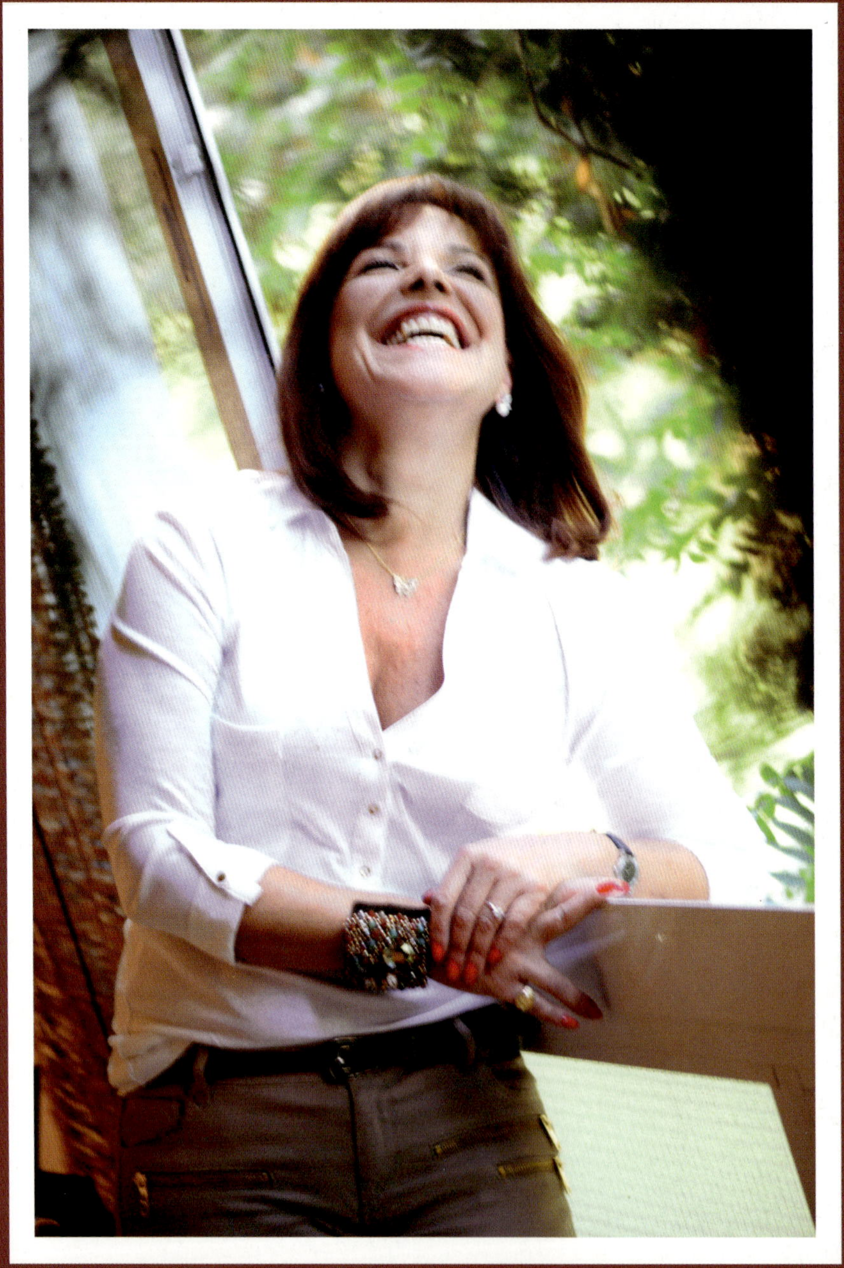

Uma história de amor!
O tempo voa...
Mais uma vez, chega o mês de fevereiro! Hora de dar uma paradinha, marcar uma consulta na minha ginecologista e fazer meu checkup anual.

Parto do princípio de que tenho saúde de ferro, nem gripe eu pego! Detesto médicos e remédios, me sinto sempre bem, me alimento de modo relativamente saudável, faço exercícios...

Mas o checkup é sagrado!

Sabendo disso, minha médica pede a listinha habitual de 5.000 exames que vão desde o mais simples, de sangue, até alguma tomografia qualquer...

Os resultados ficam prontos e tudo está bem, dentro dos parâmetros normais, a não ser uma coisinha pequena no meu seio direito que não existia no ano passado.

— Não deve ser nada, disse a médica, mas eu gostaria de investigar melhor...

Na minha cabeça, já se acende uma luzinha vermelha.

Quem é o maior e melhor especialista da área? Temos essa mania, não é mesmo?

A maior e melhor é a minha ginecologista, que me conhece há 20 anos, conhece a minha história física e emocional, e em quem deposito toda a minha confiança.

Fiquei bem quieta, não contei nada para ninguém, sabe como é, nessas horas todo mundo tem uma história para contar, um conselho para dar, uma prima, a mãe, uma amiga, o melhor especialista de cada melhor hospital... É de enlouquecer!!!

Fiquei quieta, mas não paralisada...

Marquei com a "minha" especialista outra mamografia e um ultrassom. No final do exame, ela me disse:

— Tenho 95% de certeza de que está tudo bem, mas ainda quero uma mamotomia para confirmar.

Acho que este foi o pior exame! Deitada de bruços, numa maca com um buraco para encaixar o seio, primeiro vem uma anestesia local, depois uma agulha gigante!

Biopsia terminada, peito enfaixado, espero sozinha no corredor...

A médica, uma mulher miúda, um pouco mais velha do que eu, senta-se ao meu lado, segura minha mão e me diz que, infelizmente, os 5% ganharam, o diagnóstico era positivo: eu tinha câncer de mama.

Desatei a chorar, finalmente desabei.

Aí recebi os primeiros cuidados fundamentais para a minha cura. Médica e enfermeiras me cercaram de abraços e carinhos, pessoas que eu nem conhecia e que me deram, naquele momento, demonstrações de carinho e solidariedade. Eu não estava sozinha! Eu seria cuidada e curada!

Minha história é comum, como a de tantas outras mulheres que passaram por esse processo. Porém, minha certeza de alcançar a cura e o apoio de todos que acompanharam o processo foram fundamentais.

Escolher o médico e decidir como proceder foi muito difícil, para mim o pior é não saber o que fazer, o momento em que a situação não está definida.

Consultei os dois "melhores" especialistas, duas opiniões diferentes que levavam basicamente ao mesmo procedimento.

Acabei por escolher o mais humano!

Eu não queria me sentir mutilada, meu tumor era bem pequeno e, provavelmente, sem ramificações.

O diagnóstico precoce foi fundamental e me permitiu "negociar" com o médico.

Expliquei que meu seio era muito importante para mim, um símbolo de feminilidade. Eu não queria abrir mão de nada, nem do mamilo! Estava paralisada... Mas, claro, queria ser curada!

Conversei com outras mulheres que passavam pelo mesmo processo, vi todos os tipos de mamas em reconstrução, mulheres que eu nunca tinha visto me mostraram seus seios para que eu soubesse o quanto os médicos eram capazes de reconstruir e o quanto as novas técnicas permitiam um bom resultado.

Mesmo assim, consegui o seguinte acordo:

— O médico faria a cirurgia para a retirada de um quadrante, e se as margens de segurança fossem minimamente suficientes, preservaria o mamilo.

Eu ficaria contente, com 99% de certeza de sucesso, e teria meu seio preservado, afinal, o que na nossa vida é 100%?

Tudo isso demorou uma semana, talvez a mais longa da minha vida!

Tomadas todas as decisões, segura de ter feito a opção correta, tudo ficou mais fácil, marquei a cirurgia para o mês seguinte e fui para o Canadá encontrar meu namorado!

Outro momento difícil…

Será que ele ainda gostaria de mim???

Incrível como, às vezes, deixamos o medo e a insegurança tomar conta de nós!

Quase furioso diante da notícia e do meu questionamento, ele me disse que se deixasse de me amar neste momento, nunca teria sido merecedor do meu amor.

Um homem de verdade, companheiro de alma, que há muito tempo está ao meu lado e com quem vou, em breve, me casar!

No dia da cirurgia, minha mãe, meus filhos e minhas mais queridas amigas me acompanharam ao hospital, apesar de meus protestos, estas amigas irmãs (sou filha única), ficaram com minha mãe e meus filhos até que a longa cirurgia acabasse, rezando e mandando energias positivas para meu médico e para mim. Estas pessoas são uma bênção em minha vida!

> "Quando acordei, curada e 'inteira', como eu tanto queria, finalmente entendi que tudo isso foi uma pequena prova."

Que o importante não era o seio, mais sim a cura e, sobretudo, que não era o seio que faria de mim uma pessoa INTEIRA, mas sim tudo aquilo que construí na minha vida até agora, os laços de amor imenso que me unem à minha família, aos meus amigos e ao amor da minha vida!

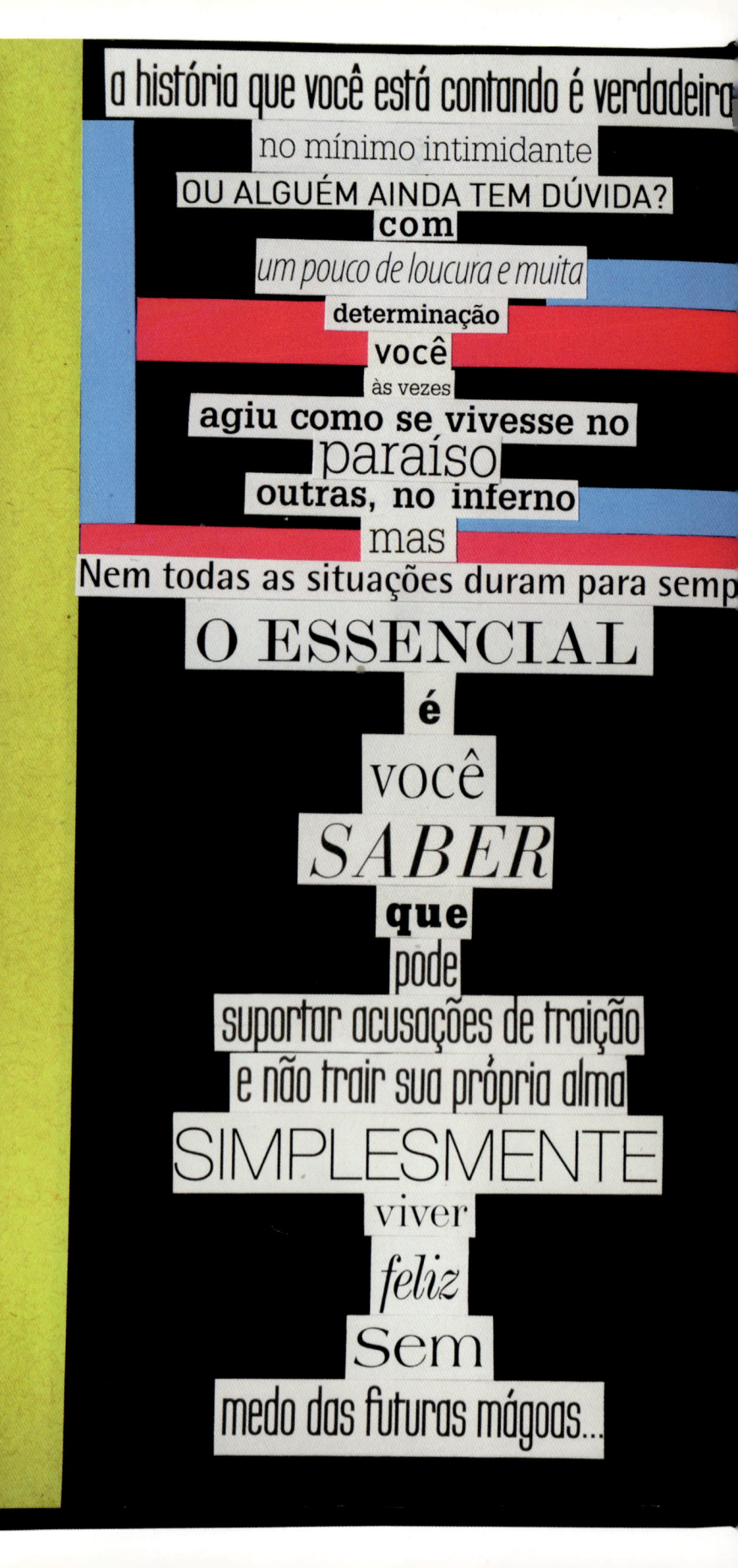

a história que você está contando é verdadeira
no mínimo intimidante
OU ALGUÉM AINDA TEM DÚVIDA?
com
um pouco de loucura e muita
determinação
você
às vezes
agiu como se vivesse no
paraíso
outras, no inferno
mas
Nem todas as situações duram para sempre
O ESSENCIAL
é
você
SABER
que
pode
suportar acusações de traição
e não trair sua própria alma
SIMPLESMENTE
viver
feliz
Sem
medo das futuras mágoas...

Otimismo
não pode faltar na vida

UMA VONTADE ENORME
para
continuar sua trajetória
COM
suas expectativas
suas fontes
sua
luta
seus recursos
Mas,
EXPERIMENTE
aproveitar

O MÁXIMO DO MÍNIMO

uma experiência única
e depois imaginar
A
existência
como
Um
tempo de colheita

vive o dia a dia
se adapta
VOCÊ
aprendeu
QUE
humor, mais do que nunca, é fundamental

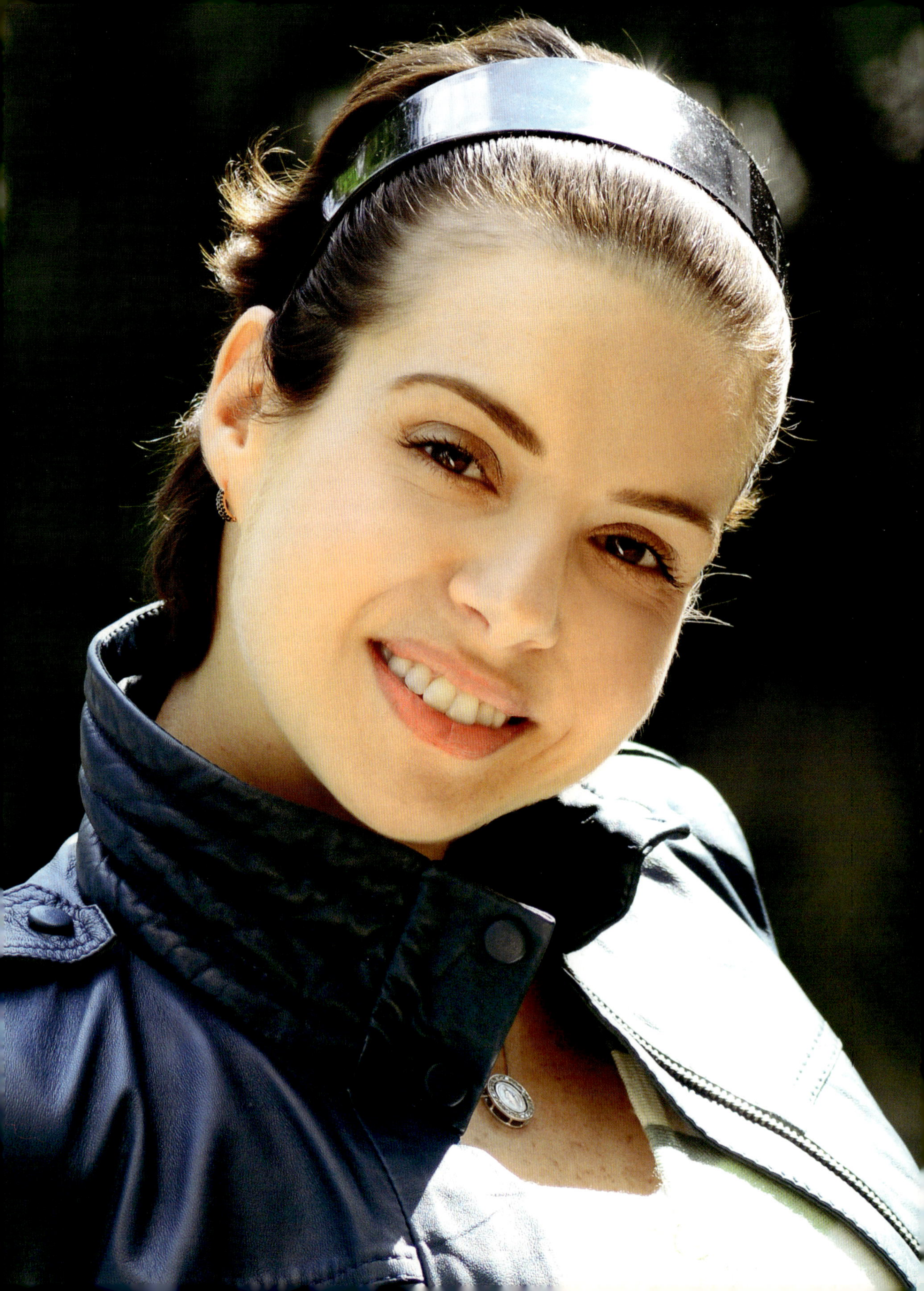

Marina

MARINA ROMITI KFOURI

ADMINISTRADORA

38 ANOS

CASADA

2 FILHAS

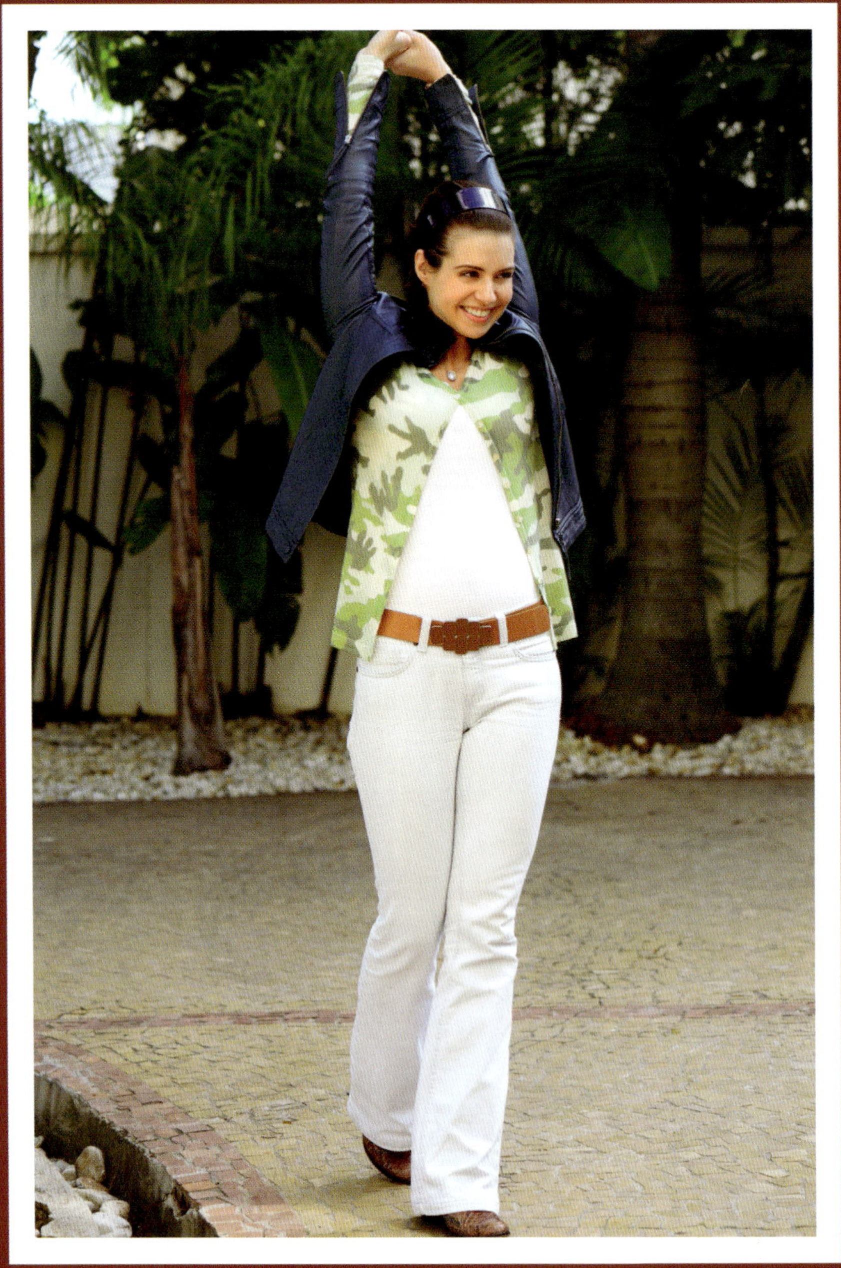

Em 23 de março de 2012, acompanhada pelo meu marido, fui internada para uma cirurgia simples, para a retirada de um fibroadenoma (nódulo benigno) que já tinha sido detectado em uma biopsia.

Ainda na sala de recuperação, "curtindo" os efeitos da anestesia, eu pergunto para a minha médica, amiga, companheira: "E aí, é câncer?", e ela, sem pestanejar, respondeu: "É, Ma".

Deste segundo (literalmente) em diante, a minha vida mudou para sempre.

Como assim é câncer??? E as minhas filhas, e o meu marido? Vou ficar careca... vou morrer.

Sabe de uma coisa? Não morri, e posso dizer que hoje sou mais forte, feliz e realizada do que antes; tenho muito medo, mas a vida para mim tem outro sentido.

Nunca imaginei que poderia passar por um tratamento de quimioterapia, e passei.

Quando me deparei com o câncer, em um certo momento, tive que tomar uma decisão: Vou enfrentar de cabeça erguida e fazer do limão uma limonada ou vou deixar me abater e ser vencida?

O ser humano é uma máquina maravilhosa, que se adapta e se transforma o tempo todo.

Em uma das minhas primeiras visitas ao centro de Oncologia, onde realizava as quimios, a atendente que fazia a minha ficha perguntou: "Tudo bom, Marina? E aí, vai fazer quimio hoje?", com uma naturalidade, como se estivesse perguntando se eu iria fazer as unhas na manicure.

A ficha foi caindo, os dias passando, e no período de 6 meses, durante toda a quimio, tinham dias bons e outros ruins.

Quando me sentia debilitada fisicamente, enjoada, cansada, com dor no corpo, afetava mais o lado psicológico, ficava mais deprimida. Nos dias em que estava me sentindo bem, era MARAVILHOSO, uma sensação incrível... como é bom não sentir nenhuma dor, desconforto, enjoo. Agradecia muito por estar bem aquele dia, aquela hora, aquele minuto, aquele segundo.

Confesso que em alguns momentos me sentia sozinha, queria saber se existia mais mulheres da minha idade (porque sou "nova") com câncer de mama.

Sempre quando estava no hospital para fazer a quimio, consulta ou *granulokine*, a sensação que tinha era que todos estavam me olhando..."Como assim tão nova e com câncer?", algumas pessoas, normalmente mais velhas, se aproximavam de mim e do meu marido, sempre lamentando o meu estado.

Eu me perguntava: "Por que eu?", tenho 37 anos, duas filhas lindas, amamentei, não fiquei menstruada cedo, pratico esporte, não fumo, bebo socialmente, me alimento saudavelmente, não tenho histórico familiar, o que deu errado?

Fiz todos os exames genéticos, e todos os resultados foram negativos para mutação de genes.

Comecei a entender... por que NÃO eu?

Um dia, minha filha mais velha, na época com 7 anos, que sabia "que a mamãe estava com um caroço no peito e precisava tomar um remédio no hospital e que não ficava muito bem", me peguntou: "Mami, o que está acontecendo com você? Você está mais legal, mais amorosa, é por causa dessa doença? Desses remédios?"

Ficar careca era um tabu enorme, um problema para a minha autoestima — acho que para toda mulher é. Não sabia o que iria fazer, mas uma amiga muito querida e importante me levou em um lugar que faz próteses capilares, que ficam "grudadas" na cabeça, e a gente pode fazer tudo com elas, até dormir e tomar banho.

Por conta das meninas, fui conversar com a psicóloga da mais velha, que me disse que era melhor se eu pudesse não aparecer careca na frente das meninas, porque elas eram muito pequenas e não tinham tanto contato com pessoas que tiveram câncer e ficaram carecas e já tinham entrado na fase da vergonha. Então, assim foi e minhas filhas não me viram careca em nenhum momento.

E querem saber o melhor? Eu amava me ver careca, ia toda semana trocar o adesivo, e por incrível que pareça, não foi tão horrível assim.

"E querem saber o melhor? Eu amava me ver careca..."

Quando tirei a peruca — em dezembro de 2012 —, por conta do calor e porque também já estava nascendo um pouco de cabelo, falei para as meninas que o remédio que eu tomei tinha deixado o meu cabelo muito fraco, e precisei cortar o cabelo bem curtinho.

Não tinha me dado conta de que tinha me transformado.

Não vou fazer aqui apologia ao câncer, mas posso afirmar que descobri uma força interna que não sabia que tinha. Descobri que sou muito querida pela minha família maravilhosa e por amigos incríveis que estiverem ao meu lado o tempo todo sem questionamentos, incondicionalmente.

Fiz amigos novos, conheci e reencontrei pessoas muito queridas e importantes.

Como existe gente boa, caridosa e carinhosa neste mundo! Recebi carinho e atenção de pessoas que nunca imaginei. Das mais distantes às mais próximas.

Durante todo o tratamento, fiz terapia e sempre fui alertada de que o pós-tratamento é a pior fase, pensei, "como pode ser a pior fase se as dores, enjoos e o mal-estar já passaram?

Hoje eu entendo, não sou nem quero ser a mesma Marina, portanto, a minha vida é outra. A minha família e os meus amigos tem que se adaptar a essa nova mulher, tanto para o bem como para o mal.

Porque não guardo mais rancor, não durmo triste, não fico mais desesperada por qualquer coisa e não engulo mais sapo.

Para a família e os amigos próximos é um choque, e todos precisamos nos adaptar novamente.

Meu acupunturista me disse uma frase que nunca vou esquecer: "Quando você tem um problema que é uma bomba, não pode ficar com ele porque senão explode na sua mão, não pode jogar para o outro porque senão explode na mão dele, portanto, você tem que desarmar essa bomba". Mas como fazer isso?

Fico sempre dividida, quero ser tratada como uma pessoa normal, não quero que ninguém tenha pena de mim, mas, ao mesmo tempo, quero que as pessoas me respeitem mais e não se esqueçam do que passei.

Quando acaba tudo, a vida vai tomando seu rumo, e parece que as pessoas se esquecem, mas, pra mim, o câncer ainda é muito presente; você tenta não pensar, mas a cada 3 meses, quando faço os exames de acompanhamento, fico em pânico total e qualquer coisa é motivo para desespero.

Tenho que dizer que essa é uma luta solitária, é você contra você mesma o tempo todo, todo dia, uma batalha que não está ganha, ao contrário, que está apenas começando, e talvez nunca acabe. Mas tudo é POSSÍVEL.

A impressão que tenho é que se eu consegui passar por todo o tratamento e estou aqui em pé, posso qualquer coisa.

O futuro? Não sei, deixa ele lá.

A infância ficou para trás, mas
Tenho percebido, mais do que nunca, que a
ALEGRIA
não pode faltar
Eu, por exemplo, adoraria
Vivenciar, nem que seja por alguns instante
A vida em cor de rosa
e sempre achei que as
PEQUENAS LOUCURAS
são inspiradas
representam
o espírito
de
LIBERDADE
uma aura
sem culpa
pausa para os sentidos
compromisso sagrado
Para pensar
cada vez mais
no
poder
de
ultrapassar as fronteiras
cotidianas

superar A DÚVIDA ENFRENTAR MEDOS para TRABALHAR AS FANTASIAS

assumir A forte carga emocional envolvida

Qualquer que seja o motivo ELABORAR E EXPANDIR O RACIOCÍNIO SEMPRE com Foco nos sentimentos

por SONHOS...

E

Apesar do encantamento
Com a mesma habilidade
resolver os conflitos
Com muito humor
confirmando o
meu
ESPAÇO
no
mundo

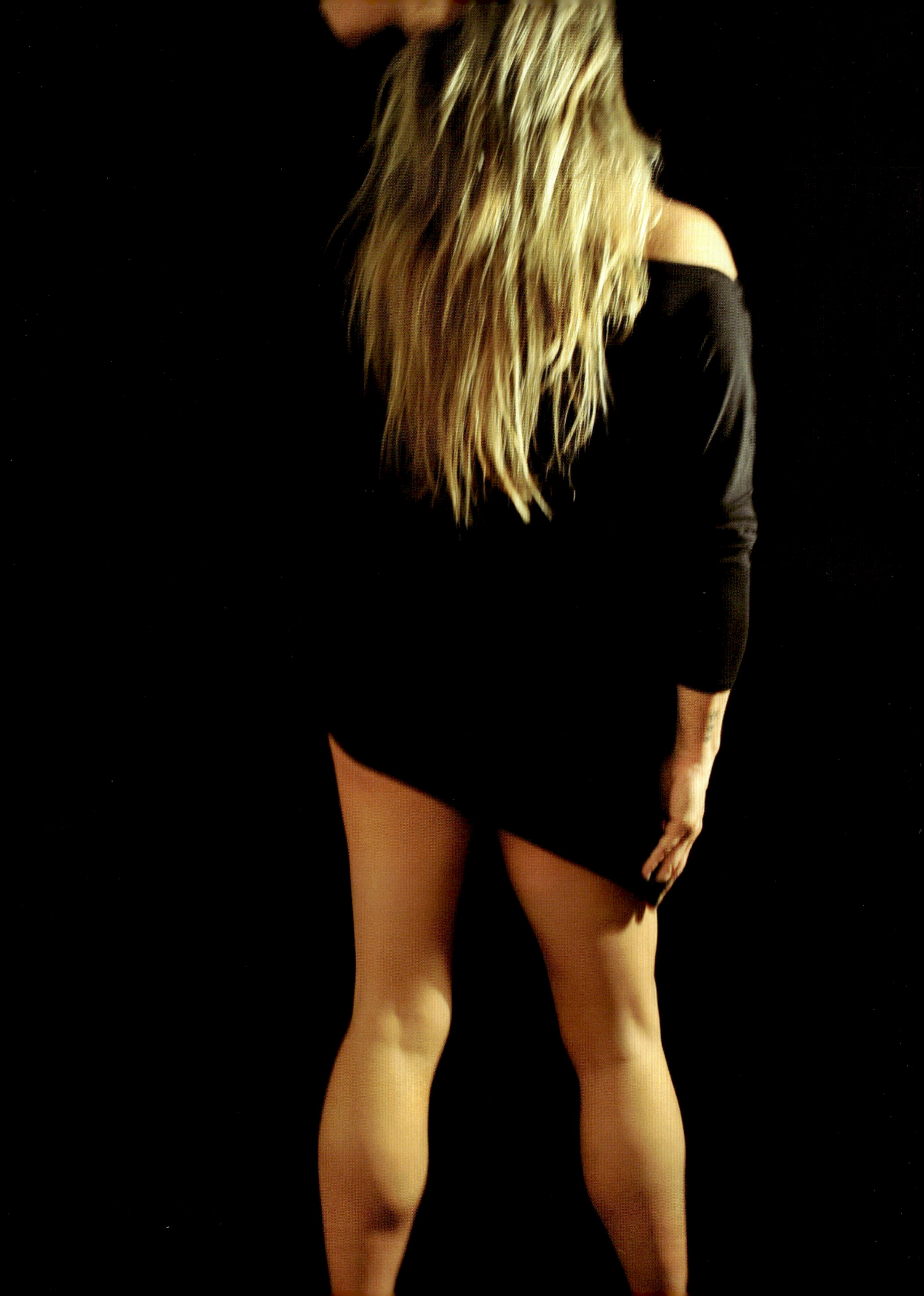

Mônica

MÔNICA ACQUAVIVA

PRODUTORA CULINARISTA

48 ANOS

CASADA

1 FILHO

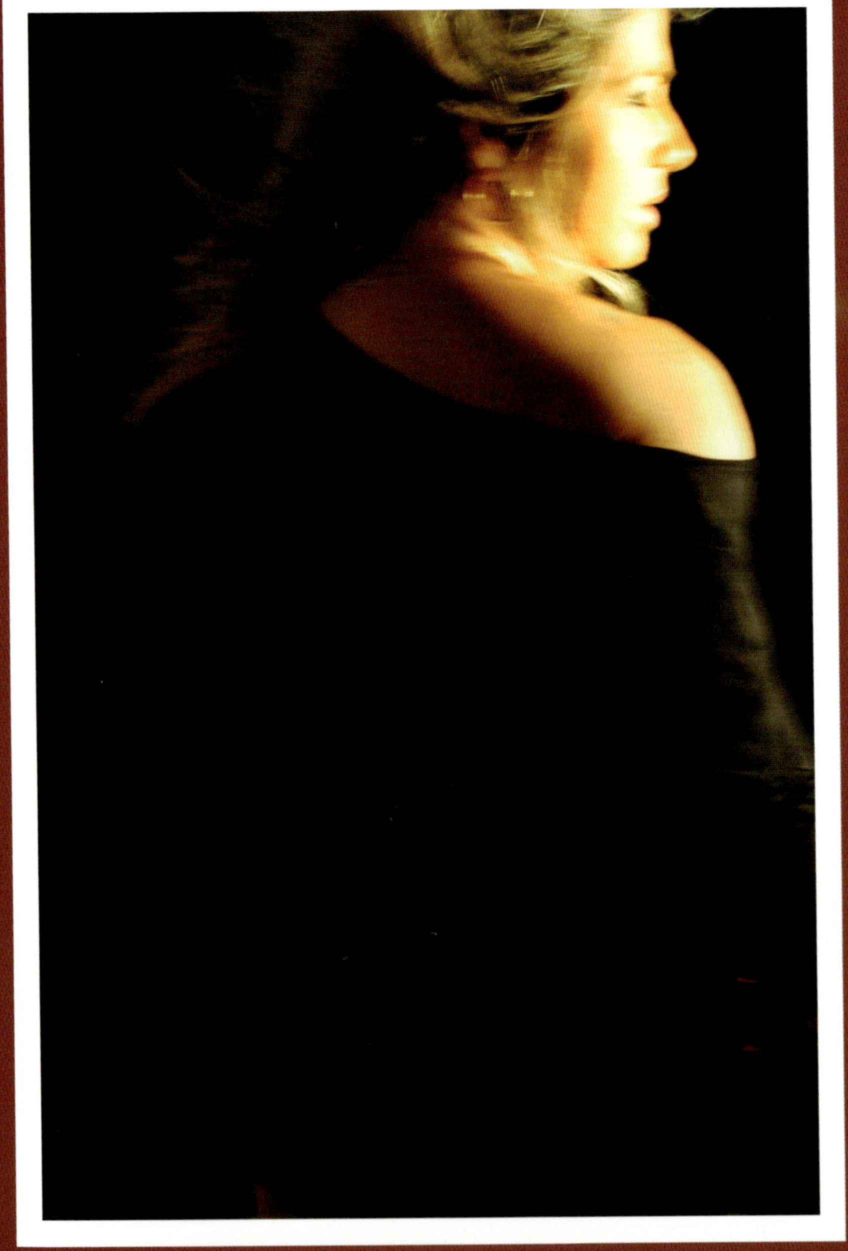

Tudo começou em 2010, me lembro bem! Tive uma proposta de emprego em Luanda, Angola, na África. Decidi ir e mudar minha vida. Meu casamento estava indiferente. Conversei com meu filho, que me deu apoio, e com meu ex-marido (marido na época), que foi contra, mas depois aceitou por receber uma proposta também, que seria para uns meses depois.

No começo de 2011, fui embora. Saí com uma mala e confiando na minha intuição... minha vida mudaria, começaria tudo de novo.

Sempre fui protetora do lar, da casa e da família, mas lá tudo mudou: só trabalhava e pensava num futuro melhor e diferente. Meu futuro e do meu filho, era meu objetivo.

Dividi casa e quarto com outras funcionárias da empresa. Tinha casa, comida, carro, celular, empregada... era tudo muito bom, apesar de trabalhar 14 horas por dia, quase sem folga, mesmo assim estava muito feliz.

Conheci pessoas de várias nacionalidades, éramos amigos e a "família" uns dos outros.

Viver em um país da África parece impossível, mas somos brasileiros e vivemos com todas as pessoas sem problemas.

Quando já estava bem adaptada, o que não foi difícil, meu ex-marido chegou (continuava casada, na época). Minha vida se transformou em um inferno, minha liberdade, minha segurança, meu bem-estar, começaram a mudar e me vi sufocada. Ele me encontrou diferente, porque realmente mudei, e percebi que não podíamos mais viver juntos. Foi aí que pedi o divórcio.

Nessa fase sofri muito, porque fui ameaçada por ele, por não aceitar a separação, e um dos amigos que eu havia conhecido, um português, se tornou amante, amigo, protetor e tudo o que eu mais queria em um homem na minha vida. Deus me deu um lindo presente, em um momento difícil da vida.

O segundo passo seria explicar ao meu filho e à família, que não conseguiram entender tantas mudanças na minha vida, em tão pouco tempo. Foi mais uma luta que enfrentei.

O ano de 2012 foi atribulado. O que me fazia bem e me dava força era o meu novo companheiro e meu filho.

Voltei para o Brasil e não me sentia bem. Tive dores no peito, achava que era meu coração, pois tenho um histórico familiar.

Fui a vários médicos, fiz *checkup* e fui diagnosticada com nódulos na tireoide.

A primeira pergunta do médico foi se eu havia tido problemas emocionais. Com certeza, tive muitos!

No momento em que saí do consultório com os últimos exames, foi confirmado que os nódulos eram malignos... um carcinoma. Sempre tive esperança de que não daria positivo...

Saí do hospital com minha mãe, e disse a ela que não conseguia mais segurar. Chorei por um bom tempo.

Fiquei sem chão! Foi o momento em que percebi que era sério e teria que deixar de lado qualquer preocupação e cuidar de mim.

Eu me perdi, por achar que não tinha controle sobre a doença. Achava que eu era NADA! Que a vida me deu as costas e que Deus me esqueceu.

Meu marido e meu filho em países distantes.

Foi nesse momento que percebi, com a ajuda de meu filho, que deveria lutar contra a doença.

Nome??? Perde-se o nome, perde-se a personalidade, eu não queria nada daquilo. Não entendia o porquê de tudo! Por que comigo!

Tinha momentos em que eu chorava, e outros em que eu tentava sorrir.

Procurava motivos para o tempo passar, para poder esquecer.

Saber quem eu era realmente, era difícil. Eu não conseguia saber o que sentia. O dia passava sem que eu sentisse.

Queria ser forte, e às vezes desistia.

Acordava cheia de esperança e durante o dia deixava-me abater, queria colo, queria os dois do meu lado, meu filho e meu marido.

Como podia uma mulher cheia de decisões, forte e corajosa, se deixar cair? Não sabia a resposta, ou até sabia, mas não sabia como sair do meu novo mundo.

Ficar sem meu filho e sem meu atual marido foi o maior desafio que enfrentei. Carrego na minha memória uma pergunta do meu filho: "Mãe, você quer ganhar ou você quer perder?".

> **"Carrego na minha memória uma pergunta do meu filho: — Mãe, você quer ganhar ou perder?"**

Ele dizia que se eu quisesse ganhar, que fosse a mulher vencedora que ele conhecia, que fosse em frente. Que o sol apareceria todas as manhãs e que eu não esperasse por ele, que eu fosse buscá-lo todos os dias.

A presença deles junto a mim teria sido essencial para que eu passasse por tudo mais facilmente.

Estive bem próxima dos meus pais, que me deram apoio. Sempre me acompanharam nos médicos, exames e na cirurgia. Eles queriam que eu abrisse mão da minha nova vida e morasse com eles, como se eu estivesse no fim.

A pressão que tive me sufocou! Nessa situação, "somos coitados" e isso me fez muito mal.

Não precisava de piedade, precisava de apoio.

Busquei meu caminho no momento em que entendi que se não me levantasse sozinha, não sairia do buraco em que me encontrava, teria que mudar, teria que ser mais forte do que sempre fui. Mas como?!

Meu atual marido foi incrível, me ligava diariamente, dando força e mostrando o quanto eu era capaz. Meu filho me ensinou que ele também pode me ensinar, ele foi meu porto seguro, meu amigo, meu confidente. Recebia suas mensagens, seu carinho, seu amor, mas ainda sentia a falta deles do meu lado.

Meus pais do meu lado, me apoiando, mas me policiando, achavam que o que faziam era para o meu bem. Eles faziam o que podiam.

Minha irmã foi parceira e amiga de verdade. Essa mulher foi verdadeiramente uma IRMÃ, ela me fez rir, me fez acreditar na mudança, me deu apoio, me deu colo, fez loucuras para me fazer feliz. Apesar das mudanças que tive na vida, um ano antes, comecei a perceber que a vida pode ser vivida de loucuras também. Eu sempre fui muito razão, o que ela não é, nem um pouco, e é feliz.

E os amigos... Tem os que nos ouvem, apoiam, telefonam. Tem aqueles que somem, por não gostarem de problemas, ou por não serem os amigos que eu imaginava.

Tive que separar aqueles que eu podia contar, para minha recuperação, daqueles que não tinham tempo para o meu momento de dor.

Descobri novos amigos em pessoas que eu não sabia realmente quem eram, e ganhei grandes parceiros.

Apesar da distância das pessoas que eu tanto amava, elas me mostraram que eu deveria ser a "guerreira". Tive que esquecer a cirurgia, a cicatriz, a dor e a solidão. Comecei a dar força a outras pessoas na mesma situação que eu. Mostrava aos outros o que eu queria que me mostrassem, um lado menos dolorido da doença. Isso me fez bem, porque estava fazendo o bem a mais alguém.

Por mais que meus pais fizessem por mim, não era o suficiente para me fazer feliz, mesmo porque minha mãe só me mostrava o lado da doença, ela não queria que eu me distraísse do tratamento, e eu sofria mais ainda.

Precisava virar a mesa.

Quando saía das consultas, eram tantas as informações, os conselhos médicos e a clareza da minha situação, que me sentia em posição de óbito.

Deveria haver mais HUMANIDADE nas informações médicas. A realidade que nos colocam, hoje, é de arrasar.

Ser realista, mostrar os fatos, é um novo método na medicina que faz bem a eles e não a nós, pacientes. Se algo acontecer, fomos informados, mas e o mal que nos fazem antes?

No meu caso, tinha que ter uma equipe médica, pois eu precisava de endocrinologista e de otorrinolaringologista. Foi em um desses médicos da equipe que ganhei um amigo. Foi aquele que me deu força, o que mais precisei.

Ao terminar o tratamento, decidi que era momento de mudança. Devia ver a vida com outros olhos, acreditar que eu podia ser feliz novamente.

Pensar no futuro e esquecer o que passou.

Encontrava com outras mulheres que passaram pelo que passei e me perguntavam como eu aceitava tão bem tudo aquilo. Eu sorria e mostrava que tudo foi uma fase que havia passado, e era privilegiada por ter tudo de bom que tive no período entre consultas, diagnóstico, cirurgia e tratamento.

Li muitas vezes o livro *O Poder*, foi uma ajuda incrível, me dava esperança e me fazia acreditar que eu podia, era só querer. Meu filho me mandava trechos do livro, diariamente.

Agora, dizer que com a dor crescemos, é uma verdade, mas prefiro crescer sem ela!

Quero viver sem regras e razões. Quero aceitar as pessoas como elas são. Não sou perfeita e nunca quero ser. Vou viver as minhas vontades, com o que me faz bem. Quero amar intensamente. Não quero me preocupar se a sociedade aceita ou não.

Minha irmã me mostrou isso há muitos anos, e vi que era verdade quando mudei de país, de vida e me curei.

Hoje sou livre, sou feliz, faço o que tenho vontade, sem prejudicar ninguém. Sinto o coração e ajo conforme me faz bem. Corro atrás do meu sentimento. Deixo meus sonhos me levarem. Vivo cada dia com mais intensidade.

A sociedade nos impõe regras que temos que seguir. Alguém sabe o que é o certo? Vivi uma vida tentando só acertar, errar não podia. O bom e o perfeito pra mim, não é o mesmo para você.

Pude ajudar muitas pessoas a passar pelo que passei com mais segurança. Se eu me senti fraca, senti que existem pessoas muito mais fracas do que eu. Decidi ajudá-las.

Eu era sofrida, triste, em busca da vida que eu perdi, ou deixei perder.

As doenças vêm nas fases da vida em que nos deixamos abater. Nosso corpo adoece e sofre.

Sou uma mulher que quer menos etiquetas e exigências.

Quero as pessoas como são, eu gostando delas ou não.

Quero ver o mundo bonito em dias de sol ou em dias de tempestade.

Tudo tem um motivo para ser e vou aceitar assim.

O período ruim é passado, dele nem quero me lembrar mais.

Eu e meu atual marido nos unimos mais ainda,

Sou super! Posso, faço e tenho tudo que quero.

Máscaras e fantasias não quero mais. Sou eu e, para mim, o segredo da vida é ser feliz!

Qual é o seu devido lugar?

Quando a vida
faz questão de
colocar
em cheque seu mundo
a
situação piorou ainda mais
se tornou
quase
impossível
no
presente momento
um pouco sombrio
pelo conflito
um tanto cruel
entre
regras e convenções
necessidade de
adaptação
intuição
e
inspiração
mas
no compasso da
perplexidade
você pode
dominar
aos poucos
A sensação
de caos,

Talvez seja necessário
ter medo
se distanciar de qualquer
preocupação
Para restaurar as energias
nunca esquecendo que
As decisões
demonstram exatamente
o tipo de pessoa que você é
uma mulher inteligente e segura
sempre pronta a
integrar-se
num novo
estilo de vida
O segredo está, com certeza, na personalidade
que
despojada
ri das voltas que a vida dá,
redescobrindo
a
capacidade para
desfrutar de
uma jornada mais divertida
deixar-se envolver por uma
aura de
muita luz
em busca da recuperação do prazer
ocupar o seu devido lugar,
é conseguir transformar
a realidade com o AMOR

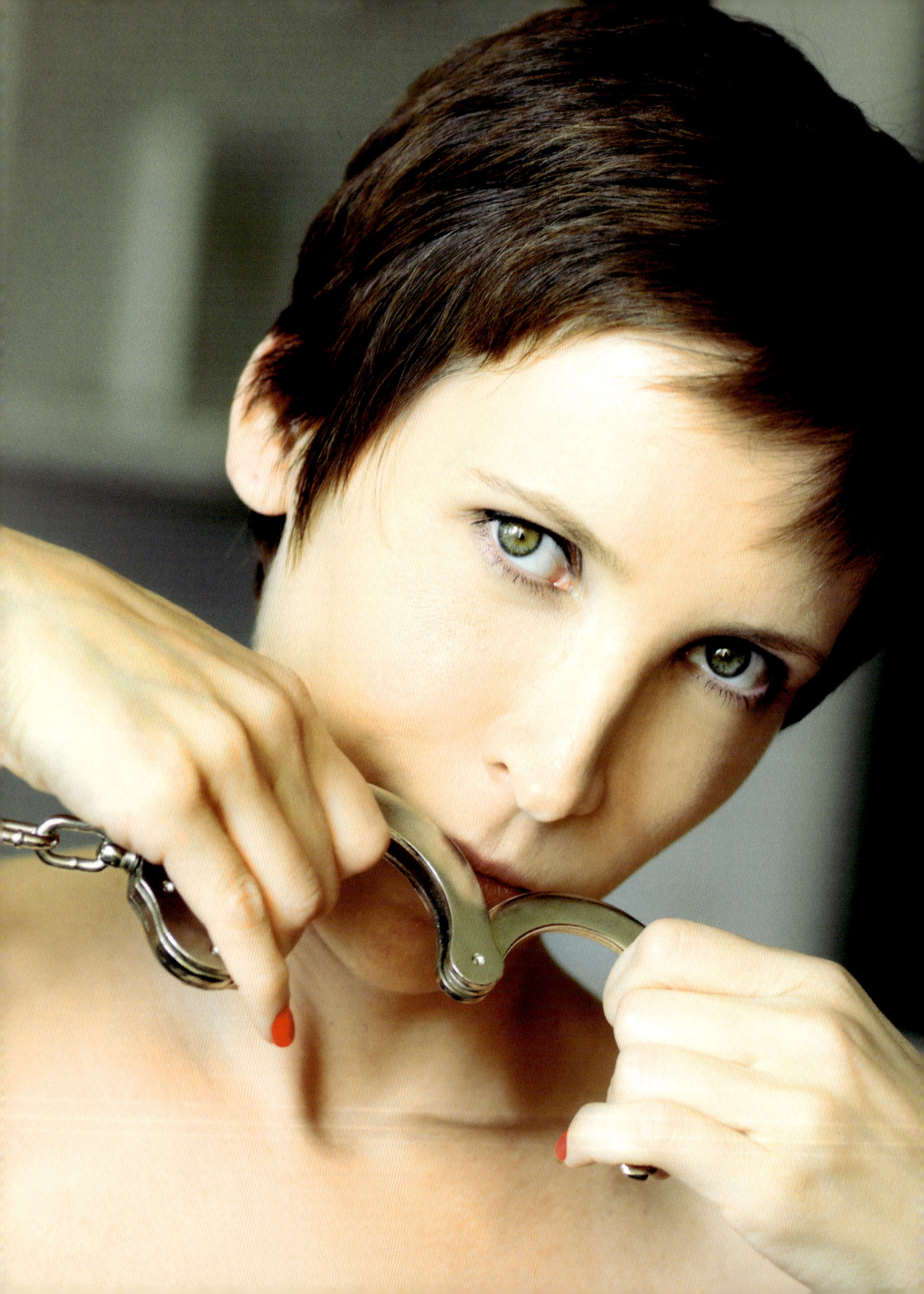

Re

RENATA KLEIN

EMPRESÁRIA

41 ANOS

DIVORCIADA

2 FILHOS

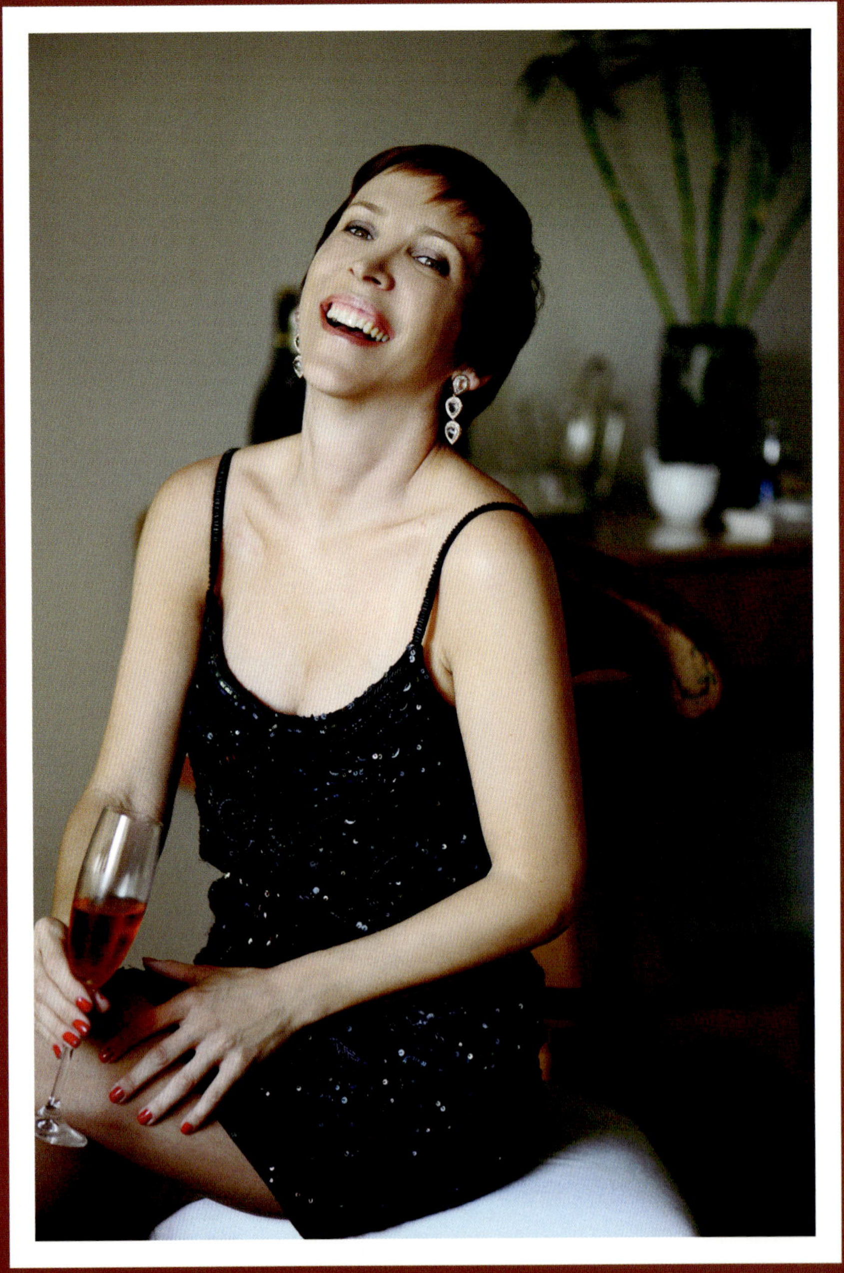

Sou formada em design, mas acabei criando uma marca de roupas para meninas de 6 a 16 anos. Sou apaixonada pelo que faço.

Descobri meu câncer de mama em abril de 2012.

Fui fazer exames de rotina, não tinha ideia de que já estava doente. No mesmo dia, minha médica me ligou dizendo que eles tinham visto uma mancha nos meus seios.

Ela pediu que eu fizesse uma ressonância magnética e, em seguida, fiz uma mamotomia (pulsão). Além de ser o melhor especialista nesta área, ele era um grande amigo do meu marido.

Fui recebida por ele e sua equipe sempre com muito carinho e cuidado.

Eu me senti extremamente acolhida.

A partir daí, começou a minha jornada. Tudo aquilo parecia um filme para mim... Talvez até hoje pareça...

Alguns dias se passaram e veio o resultado. Eu realmente tinha um câncer de mama.

Minha reação foi completamente contrária ao que eu podia imaginar, fiquei firme. Veio uma força e determinação jamais conhecida por mim mesma. Contei para minha família e amigos, todos desabaram, e eu continuei firme.

Desse dia em diante era um médico atrás do outro, parecia uma corrida contra o tempo.

O primeiro foi o mastologista, que além de ser um médico muito conceituado, é uma pessoa maravilhosa. Assim que o conheci, tive a certeza de que era com ele que queria me operar.

Todos falavam para eu procurar uma segunda opinião, mas eu não quis, me sentia muito segura e acolhida nas mãos dele.

Próximo passo, precisava de um cirurgião-plástico para fazer a reconstrução mamária, já que faria uma mastectomia bilateral.

Não pensei em outra pessoa se não o melhor dos melhores. Já tinha me operado com ele por duas vezes. Confiava muito nele, não queria fazer com mais ninguém.

Ele foi o anjo que surgiu na minha vida, uma das pessoas mais amorosas que já conheci. Chorou junto comigo e disse que iria rezar e pedir a Deus que isso acabasse e que eu me curasse o mais rápido possível.

Agradeço muito a ele e a toda sua equipe pelo carinho e dedicação.

Marcamos o dia da cirurgia, todos os médicos estavam me dando todo o suporte.

Estava na mão dos melhores especialistas, além da mão de Deus, com certeza.

Meu marido, desde o primeiro momento, me deu muito apoio, esteve comigo em todas as etapas desse processo. Isso foi muito importante para mim.

Chegamos ao hospital e eu estava muito tranquila. Minha família e algumas amigas estavam lá. Todos me dando muito carinho.

Quando me chamaram para a sala de cirurgia, caiu a minha ficha... Entrei em pânico, comecei a chorar e a dizer que não iria. Eles iam tirar meus seios, o que por um lado seria uma tranquilidade futura, mas para uma mulher isso era muito difícil.

Não deixava a enfermeira me dar a injeção de dormonide, foi um horror!

Mas claro que acabei me acalmando e lá fui eu...

Da hora em que saí do quarto até voltar da cirurgia foram 11 horas.

Primeira etapa vencida, foram dias de muita dor e desconforto, mas estava sempre firme e forte. Sabia que ainda viria a maior das lutas, a quimioterapia.

Comecei em junho de 2012. Na primeira sessão, tive um choque anafilático.

Foi uma reação alérgica muito rara, um tremendo susto e acabei sendo internada para a colocação de um cateter. Mudou todo o protocolo do tratamento.

Antes, faria 4 sessões direto na veia, mas depois do que aconteceu passaram a ser 6 sessões pelo cateter.

Enfim, fiz minha primeira sessão. Estava muito apreensiva com os efeitos após a quimio.

Fui para casa e me sentia bem. Até as unhas eu fui fazer naquela tarde.

À noite, saí para jantar com meus filhos e marido. Estava me sentindo muito estranha, mas estava bem.

Estava com muito medo da hora em que começaria a passar mal. O que seria esse passar mal?

No dia seguinte, acordei em pânico, fui para o hospital. Tudo doía, estava com um mal-estar horroroso. Chorava compulsivamente e dizia que não iria aguentar tudo aquilo. Eles me deram um "remedinho" e eu me acalmei.

O que me assustava era a falta de controle comigo mesma, achava que não recuperaria esse controle.

Estava derrubada e enjoada. Não me conformava por não conseguir sair da cama. Foi difícil aceitar, mas depois da primeira sessão, entendi o processo. Eram 3 ou 4 dias muito ruins, mas depois a vida voltava ao normal.

Trabalho, filhos, marido e a minha indispensável vida social. Fazia questão de levar a minha vida normalmente.

Sou uma pessoa muito ativa e me fazia muito bem seguir a vida.

Tinha os dias contados até a próxima sessão e queria aproveitá-los o máximo possível. E assim foram as 6 sessões... Eram intervalos de 21 dias, parava uns 4 dias após a quimio e os outros dias vivia aproveitando o máximo possível. Até dançar eu fui.

"Nunca me senti tão forte, não sabia desta Renata que vivia dentro de mim."

Claro que tive momentos de tristeza, o cabelo caiu, engordei, estava pálida, inchada e cansada. Não me reconhecia no espelho.

Mas não deixava a peteca cair.

Foi difícil, mas foi muito menos pior do que podia imaginar.

Fiz radioterapia na sequência. O tratamento terminou em 27 de dezembro de 2012. Um dos momentos mais felizes da minha vida.

Tinha vencido.

Em todo o processo, nunca me senti tão amada e cuidada na minha vida.

Meu marido não saiu do meu lado nem um minuto, minhas amigas foram incríveis e meus filhos me deram muito amor e carinho.

Senti falta dos meus pais neste processo, meu pai estava doente e minha mãe tinha que cuidar dele.

Perdi meu pai no meio do tratamento.

Acho que só assimilei esta perda recentemente. Antes não podia tirar o foco da minha luta.

Hoje sou uma nova Renata, uma Renata que ainda estou conhecendo e entendendo, mas sempre com muito orgulho de ter enfrentado tudo isso da maneira como enfrentei.

Hoje sinto que posso passar por qualquer coisa, afinal, enfrentei o maior dos medos. O de perder a vida... Quero viver a vida intensamente, quero fazer da vida uma festa.

Fazer da vida uma festa significa que em todos os segmentos desta vida, por mais complexos e difíceis que possam se apresentar, quero encarar de uma maneira leve, feliz e sempre enxergando o lado bom das coisas. Isso não é ser alienada, é simplesmente se apegar ao bom.

Hoje sei que não posso controlar tudo e que mesmo não controlando, as coisas funcionam. É só deixar fluir, soltar...

Aqui segue um texto escrito pela minha filha Nicole, após a minha última sessão de quimioterapia.

> *Mãe, eu queria que você soubesse que eu te amo muito e que eu tenho MUITO orgulho de ser a sua filha, eu sei que eu sempre posso contar com você, para qualquer coisa, que você vai me ajudar da melhor maneira, e você também pode contar sempre comigo. Durante esse momento, Mami, você foi muito forte e batalhadora, foi difícil, mas o importante é que ACABOU. Você tem que enxergar isso como um buraco no meio do caminho que foi muito ruim, mas também serviu como uma lição, um buraco profundo, mas que agora você já conseguiu sair de dentro dele. Mami, você é a melhor mãe do mundo, não existe mãe melhor que você. Você deve ter percebido que eu repeti a palavra MÃE várias vezes nesse texto. É porque sempre que eu te chamo assim, eu sinto um orgulho enorme de ser a sua filha. Eu te amo mais do que tuuudoo, mãe. Finalmente, ACABOU!*

EU acho que TEMOS de APRENDER A VIVER apenas o momento

mas com muita experiência
SABER
que
em quase todas as
nossas apostas
A única e verdadeira
escolha
É SEMPRE
do
coração
E é na mistura de
mente
e
espírito
que
Surge uma nova
LUZ
Portanto,
MAIS DO QUE NUNCA
OLHA PARA TRÁS E REVIVE
SIMPLESMENTE
para
GUARDAR DE LEMBRANÇA
PASSADO, PRESENTE
E FUTURO SE ENCONTRAM
E só poderia ser assim
é sua vida.
o resto vem naturalmente.

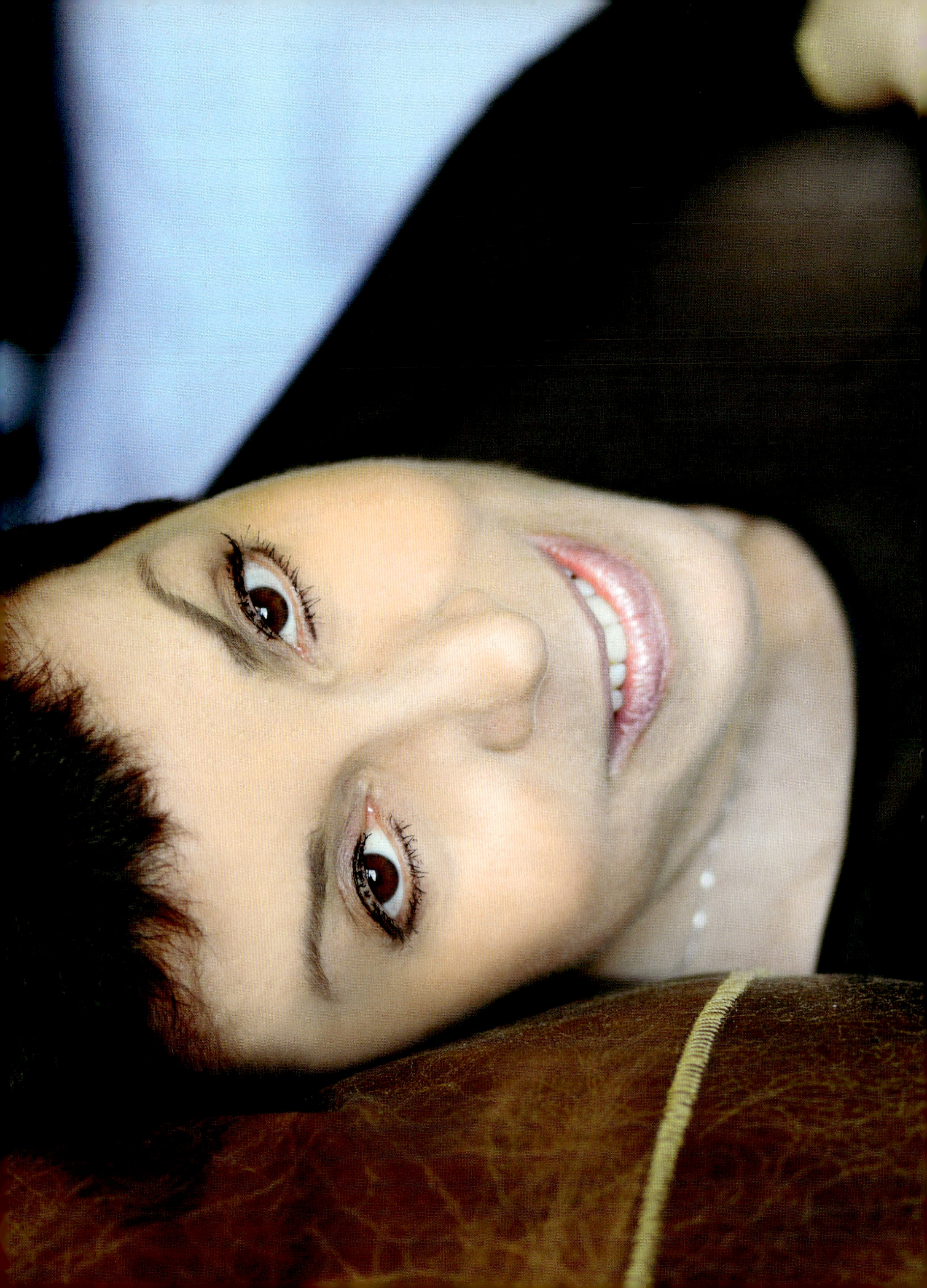

Sandra

SANDRA PRATES NOGUEIRA

MODISTA

50 ANOS

SOLTEIRA

SEM FILHOS

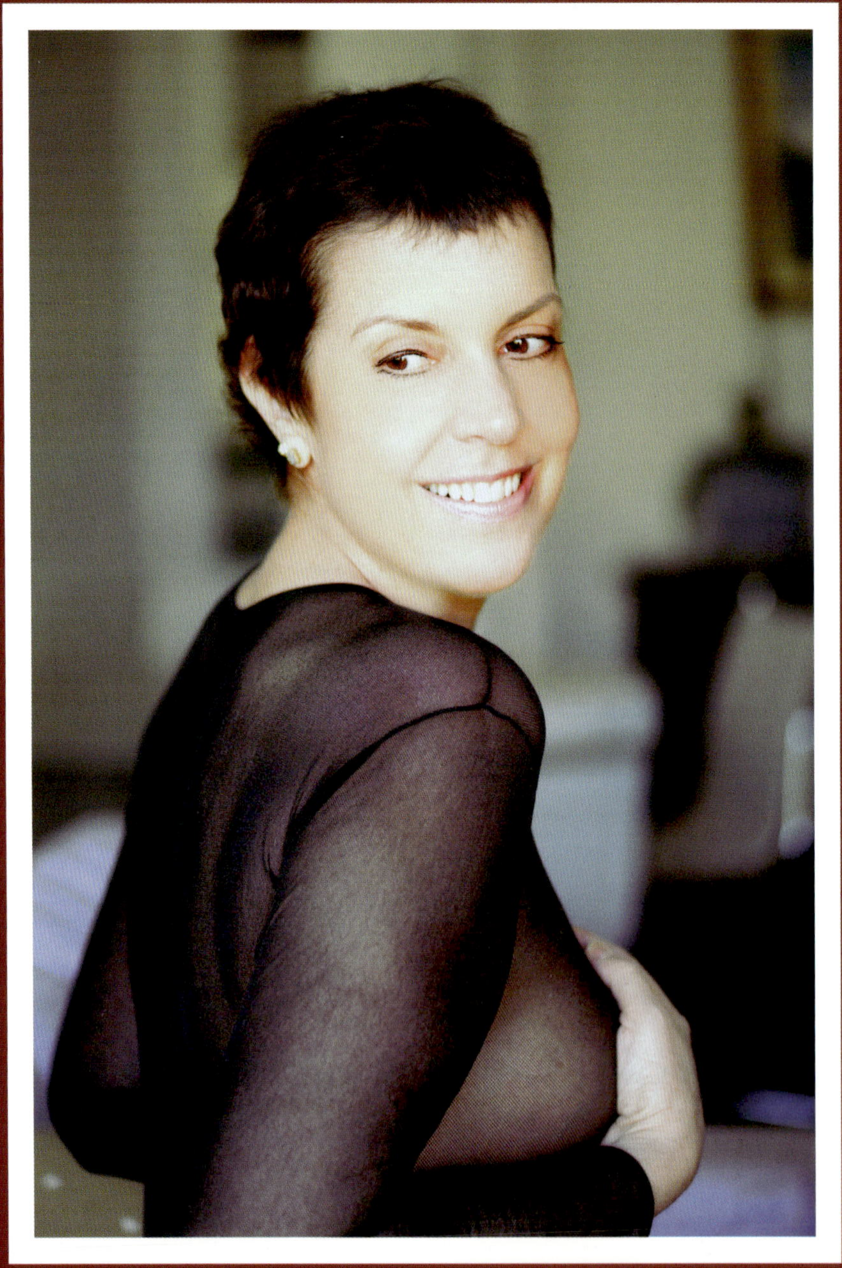

S. THE SUPER, uma mulher de fé!

A noite passou como um vento, naquela cama macia, cheia de sonhos e muitas histórias para contar... S. pulou como um coelho para se olhar no espelho: "Bom dia!" Sua careca continuava ali!

S. ainda estava se adaptando ao seu "new look" pra lá de moderno.

Lá estava ela naquela manhã, no espelho, animada e cheia de vida, sentindo-se uma verdadeira artista de Pop Music Gospel... mas, também, durante muitas noites acordava se sentindo uma total extraterrestre, desacostumada com sua careca, imaginando ainda estar em um sonho muito estranho.

Aí que frio na careca... aí que calor no corpo!

A cada novo dia, S. se aprontava para se transformar passando por tantas novas sensações, sempre firme, olhando para cada novidade, um novo tempo em que tudo era desconhecido.

Dias e noites passando e S. estava grudada em suas amigas inseparáveis: "Confiança e Fé".

Aos 49 anos e muitos minutos do segundo tempo deste século, S. se encontrava envolvida em perguntas e respostas pelas quais nunca imaginaria passar. Há muitas coisas na vida que apenas ouvimos falar, mas quando uma surpresa te encontra, ela é totalmente inesperada.

As palavras escritas naquela folha de papel ecoavam e S. falava consigo mesma:

— Deus, meu Deus! Está escrito, é verdade! Senhor, esteja comigo, me ajude!

Uma sensação de frio na barriga, misturada com a vontade de viver e pronta para lutar no tempo desconhecido de uma grande batalha: "Carcinoma Ductual Invasivo"; câncer.

Eu não sentia nada. Eu estava assustada e cansada emocionalmente, pois estava vendo minha mãe lutar contra um câncer de mama que havia sido diagnosticado em fevereiro e agora eu, em julho, estava recebendo o mesmo diagnóstico que o dela.

O câncer chegou silencioso e me assustou, estava escondido, mas foi desmascarado.

Eu creio que nada fica oculto nem escondido aos olhos de Deus, mas aos nossos olhos, o limite de tempo e espaço são distintos; temos que buscar a verdade e esta foi uma tarefa muito delicada.

Uma visita ao clínico geral, exames de rotina por conta de uma herpes zoster na costela, a mamografia cuidadosamente decifrada pela minha ginecologista, a ressonância com contraste, a biópsia realizada, depois o exame Imuno Histoquímico e a visita ao mastologista, seguindo os cuidados da oncologista, exames e mais exames que pareciam sem fim.

Ao final, me senti como uma pedra bruta sendo lapidada para se tornar a pedra mais preciosa, cuidada por tantos médicos competentes e suas equipes, seres humanos maravilhosos, únicos, comprometidos a lutar por vidas. Pessoas inesquecíveis, meus Anjos na Terra, mas e agora...?

Agora eu olhei para S. como se fosse outra pessoa e pensei:

— S. você tem que fazer sua escolha, qual é sua escolha?

Naquele segundo, eu respondi a mim mesma:

— Quero viver!

Eu escolho a vida! Amo a vida.

Obrigada, Senhor meu Deus, pela chance de descobrir esta doença que não me pertence.

Amado Jesus, me ajude a enfrentar esta batalha tão estranha e imensa. Amado Espírito Santo, fica comigo todos os dias.

Esta foi a minha prece e meu amparo.

O Senhor é a minha força.

A minha única escolha.

Vamos em frente!!!

Nossa família tem que ser luz neste mundo, não acredito no acaso.

Acredito no amor, nas conquistas, nos propósitos, nas bênçãos que cada ser humano pode ter e ser, independentemente das circunstâncias que encontre.

Existe algo superior dentro de cada coração. A escolha é individual, única.

Eu escolhi amar.

Amar é viver como é possível.

Amar é se doar.

Amar é poder respirar e acreditar em boas novas, é rir e chorar.

É sentir insegurança e segurança, conforto e desconforto, medo e alegrias.

Ter esperança.

Amar é cuidar de você para poder cuidar do próximo dentro do seu jeito de ser.

Amar é água que é vida, o brilho do fogo, a luz do dia, o Sol que aquece, a noite que chega com a Lua mais linda e as estrelas incontáveis, vento que leva, chuva que molha, mar sem fim, céu colorido, é a essência da minha vida.

Minha família se manteve unida e cheia de amor em cada dia.

As lutas eram cuidadas dentro das nossas limitações.

Dias duros, engraçados, quietos, tristes, dias cansativos.

Noites curtas, noites longas, e assim se passaram 8 meses de quimioterapia.

Cansaço, exaustão, fraqueza, um gosto sem gosto nos alimentos, um sabor amargo nos doces, calores durante a noite, o rosto vermelho nos dias depois da quimio, a visão sem poder usufruir da leitura, a luminosidade machucava, muita tontura, a vontade de ter mais forças e se sentir muito fraca, e a vontade de viver, que sempre foi a maior.

A "bomba da cura" foi o nome que dei à quimioterapia, desde nosso primeiro encontro.

Cada gota que era colocada em meu organismo era aceita como a cura para destruir o mal que não me pertencia.

Desde a primeira aplicação, eu fiz minhas preces conversando com Deus eacreditei que Jesus estava ali sentado, junto de nós, naquelas longas horas delicadas que me deixavam sentida e emocionada.

A quimioterapia mata células boas juntamente com as malignas, mas nosso organismo é uma máquina ainda cheia de mistérios e eu acreditei na cura o tempo todo, e segui com cada procedimento indicado, com os medicamentos e tratamentos, sendo cuidada por cientistas, médicos, médicas, enfermeiras, enfermeiros e pessoas maravilhosas, proporcionando o melhor possível com as armas da cura.

As providências para a cura são muitas e temos que tomar nosso partido para prosseguir.

Meu lema sempre foi seguir em frente, com fé!

Foi muito sofrido.

Lógico que eu tive medo, tive muito medo, mas eu rejeitava esse sentimento orando.

Eu só pensava que se alguém havia conseguido, eu também poderia conseguir.

Eu faria meu maior esforço, mesmo quando me sentia mais fraca e frágil, aí eu sentia que Deus me faria forte. Não era minha capacidade, mas existia uma imensa vontade de viver.

Sempre tive cabelos bonitos, olhos falantes, meu jeito alegre, meu charme, sempre barulhenta e amorosa, uma vida social superalegre, muitas histórias especiais, uma vida feliz!

Agora ali estava, sem nenhum pelo no corpo.

Uma mulher vaidosa sem cílios, sobrancelhas, cansada e fraca fisicamente; mas no meu coração, no meu espírito, eu olhava para o alto da montanha.

Estava subindo tão devagar, com tanta dificuldade, mas eu sempre encontrava no amor que recebia em cada novo dia mais força para seguir em frente.

Estava me equipando, equipando, principalmente de amor.

Minha família, meu irmão, minha irmã e meus pais, meus amores.

Minha vida cercada de amor, familiares, amigas e amigos que também considero minha família, todos da empresa onde trabalho, meus médicos e médicas, enfermeiras, os manobristas que cuidavam com carinho do embarque e desembarque de cada paciente e estiveram cada dia junto de mim, de longe ou de perto com palavras, atitudes, mimos e orações.

A fé foi minha aliança com a vida.

Na fé, encontrei meu equilíbrio e meu amparo a cada novo dia e a cada noite.

Realmente passei meses muito diferentes de tudo que poderia imaginar.

Estas vidas foram minhas colunas de força, amor, esperança, esteio; e cada palavra de vitória, cada oração e tantas bênçãos que me cobriam são até hoje o centro da vontade de Deus para minha cura.

Senti que as bênçãos de Deus habitam junto destas pessoas como canais de boas novas na minha vida. Como se fossem as vitaminas necessárias para o corpo poder ter saúde plena.

Terminei as sessões de quimioterapia, as lágrimas corriam, e eu achei melhor sufocá-las, pois se não fizesse assim poderia alagar a sala, creio que se começasse a chorar pela gratidão que senti eu levaria um longo tempo para me refazer.

Senti vontade de gritar de alegria e falar obrigada por horas sem fim.

Estava muito emocionada e nunca vou esquecer o sentimento de alívio.

Foi como se eu tivesse chegado ao mais alto monte e colocado ali minha bandeira, que tremulava com o vento em um dia de céu azul sem nenhuma nuvem e com o sol aquecendo minha pele, os passarinhos brincando entre as flores, e a natureza brilhando.

Depois desta vitória veio outra... a cirurgia grande e delicada, onde eu me sentia cheia de vida mesmo que abatida e cansada. Estou viva! Obrigada, Senhor Jesus!

Passou, passou...

Agora estava me aprontando para entrar no táxi que sempre nos ajudou, a radioterapia começa amanhã e dura 5 semanas; mas cada detalhe cooperou para minha cura e para meu testemunho. Lá vou eu!

E assim vou seguir com fé e alegria sempre, farei um acompanhamento por 5 anos equero ser ajudadora em tudo que puder na vida de quem pode estar iniciando ou terminando este diagnóstico que hoje não é mais um nome horrível de se falar.

Ou algo para se deixar escondido.

O câncer existe, mas pode ser cuidado, tratado e destruído.

Agora eu continuo esta S. com 1,77 cm, manequim 42, mãos macias, sorriso aberto, olhos expressivos, celulites super amigas, cheia de vida, feliz, sem tomar um pingo de sol nestes 10 meses, uns 4 quilos mais recheada, com as calças justas... e com o cabelo começando a brotar, estilo Piu-Piu.

Sinto-me diferente, a "S. The Super", uma supermulher que lutou e luta para viver feliz. Loira de longas madeixas, agora morena de cabelos curtos, mas a minha voz continua a mesma!

Busquei o charme das perucas mais bacanas do momento e elas me pinicavam a cabeça, e eu me sentia alguém muito desconhecida, aquela não era a S., então, optei por usar meus lindos carrés Hermès, ou ficar careca.

Com meu jeans básico e minhas camisetas brancas, eu nunca deixei de me pintar com um super Black Kajal, delineando os olhos pelados sem cílios. Um lápis maravilhoso cuidava de cada milímetro das sobrancelhas que já não existiam naquele momento.

Brincos discretos, um batom suave, blush nas bochechas, aquele delicioso hidratante-power para cuidar da pele tãoooo seca e o leve aroma de um suave perfume que não me enjoava.

Não bastava ser mulher, tinha que encontrar uma maneira me sentir bonita.

S. é única e muito engraçada! Acho que só você poderá me dar seu parecer após esta leitura, e não tenho dúvidas de que S. vai ter o poder de te fazer dar alguma risada, chorar, sonhar, pensar com cuidado sobre vários assuntos importantes da sua vida e encontrar em você mesma os caminhos da felicidade.

Vamos às escolhas, e elas são suas!

Para S., o impossível é possível.

S. é o tipo de pessoa que, com delicadeza, alimenta sua fé, e aprendeu, após muito buscar, que sem fé estaria praticamente vivendo aos pedaços e ela sempre se determinou e ser inteira em tudo que faz dentro de seu limite.

Encontrou em Deus seu melhor amigo e aprendeu a se amar e a amar ao próximo.

Encontre equilíbrio dentro das suas vontades e pense que a vida não é feita só de limão e limonada.

A vida é preciosa e cheia de histórias especiais.

Você faz parte de muitas histórias e da "história".

Você é uma vida e isso que importa.
Existe uma variedade de tudo em tudo.
Cada qual é exclusivo e único, nenhum ser é igual a outro, e isso é especial!
Tudo pode ser diferente quando você achar que tudo não é tudo.
Há sempre muito mais para você fazer e viver.
Hoje é único, viva hoje!
Amanhã vai chegar, creia, sonhe e não pare de sonhar coisas lindas para você e seus queridos!
O futuro sempre vai estar no futuro e nele suas histórias serão sua vida.

> **"Hoje é único, viva hoje! Amanhã vai chegar, creia, sonhe e não pare de sonhar coisas lindas para você e seus queridos!"**

Compliquei?
Leia e releia e encontre tudo que você nem imagina dentro de você.
É vivendo que somos alguém de alguma maneira especial.
Seja especial para você e você será especial em muitas vidas.
Seja simples.
Se alguém gostar só da parte externa, este alguém não faz seu tipo, pois você é muito rica internamente, aliás, você é um tesouro que precisa ser descoberto.
Descubra-se.
Dê o seu melhor, pois seu melhor é sempre pouco. Somos limitados, caso contrário, seríamos insuportáveis... (rs.)
Ninguém é de todo mal ou de todo bem, mas existem momentos que um lado fica mais exposto que o outro, cuide-se. Procure o bem.
Siga em frente, pois os segundos já são outros, ontem passou e você tem hoje para encontrar alguma maneira para aproveitar, afinal, você está aí com vida.
Vamos em frente!!!
Estes acontecimentos ficarão marcados lá no fundo da memória e jamais serão esquecidos.

Uma nova personagem surgiu para mudar algumas coisas.

A dedicação que antes era total ao trabalho foi direcionada para a família, a importância de ter um corpo bonito foi substituída por pensamentos positivos, as futilidades foram esquecidas e o lado espiritual aflorado.

Até as amizades mudaram... não ficou tempo para conversas sem conteúdo e vazias.

O lado duro da vida mostrou que os planos e projetos que fazemos estão sujeitos a mudanças em seu trajeto, e estas mudanças não somos nós quem escolhemos, se aparecerem em nosso caminho, estão aí para serem enfrentadas.

"Obrigada, Senhor, vamos em frente!!!

Deus! Eu sou sua expressão sua memória sua intenção sou seu caminho sua oportunidade de constatar Uma experiência visionária de amor e dedicação oferecida para evolução de uma nova humanidade

Consciente do início ao fim de seu próprio caminho no mundo

E o caminho nos trouxe até aqui.

O caminho é só o ponto de partida na tentativa de alargar os limites e, assim, produzir uma mudança radical em nosso sistema de valores

É tempo de trocar instabilidade por estabilidade

O caminho da possibilidade para lutar por algo em que se acredita desenha um futuro sugere um estilo de vida transformando suas atitudes

sua história começou a mudar em busca do caminho certo para vencer com maestria no caminho graças a reinterpretação das coisas cotidianas Olhar para o óbvio de forma incomum reverter expectativas Refletir e escolher demonstrar coragem e ousadia, descobrindo os caminhos que perpetuam seu jeito versátil de ver o mundo

Seguindo a idéia de resgate, no processo que une os caminhos dividir a vida entre os dois mundos, nem sempre é realizável. Eu tenho a sensação de estar continuamente a percorrer, caminhos estreitos

trilhando seu caminho ainda não existe aberto um caminho em harmonia com seu coração um caminho, ainda pouco trilhado

Caminhos do Mundo
um longo caminho pleno de significados que revela uma história de emoções, questionamentos constantes sua força, o equilíbrio emocional necessário em cada momento alma criativa e alguma poesia

Para começar, vamos pensar no que temos que tanto perseguimos caminhos possíveis suas diferentes manifestações numa solução vão traçando pelo caminho que nos leva a um tranqüilo estilo de vida,

contato muito mais profundo com uma certa religiosidade em nosso pensamento, em nossos gestos nos permite ter um que

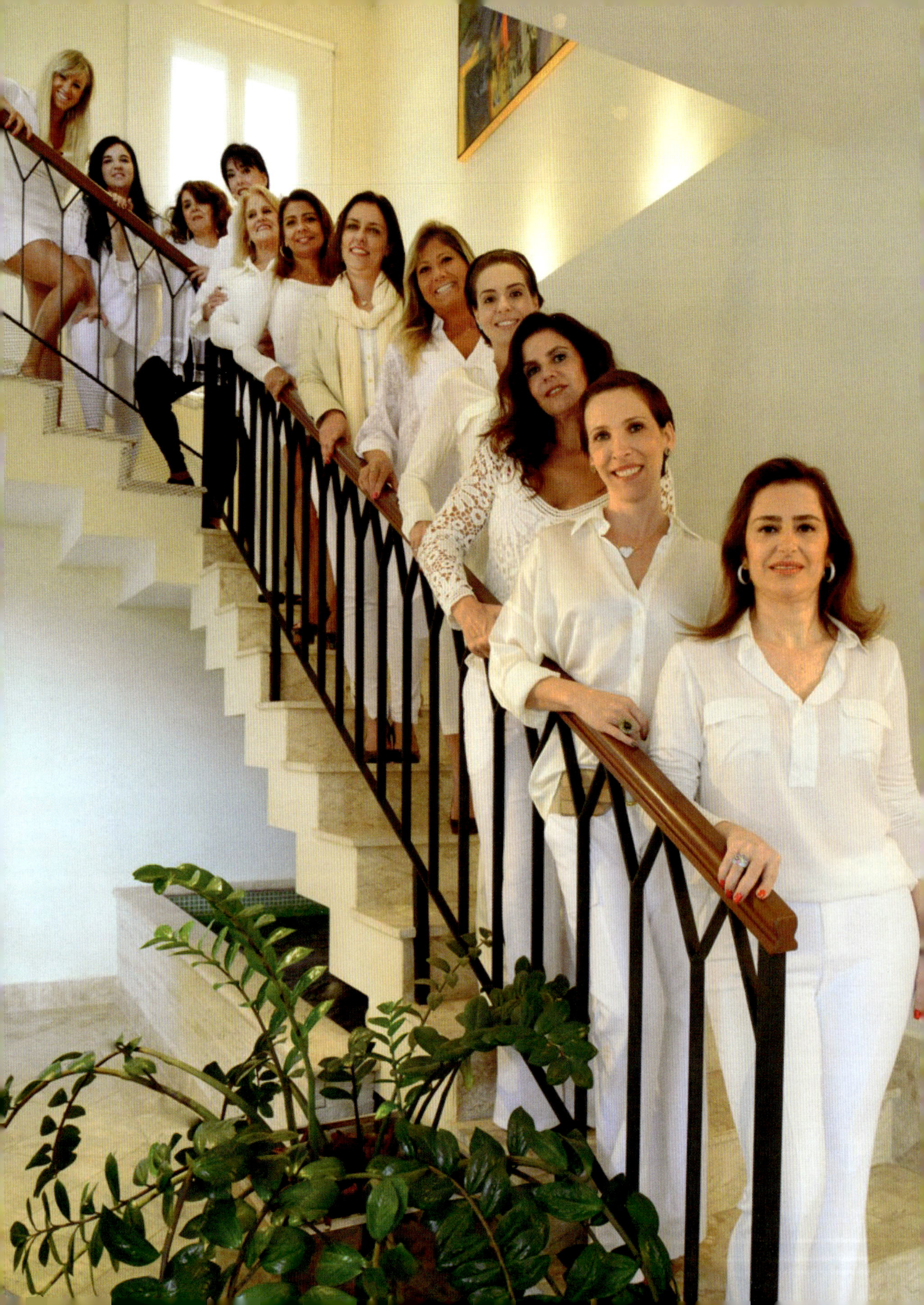

FINAL

Tive um momento de extrema felicidade e paz quando entrei na vida destas mulheres maravilhosas. Entendi quão especiais são, o quanto é árdua a luta e que, na realidade, nos períodos de intensa turbulência, estamos lutando pela sobrevivência, e não pela vida como todos lidam no dia a dia. Sobreviver é muito mais duro e sério porque não nos resta outra alternativa senão remar num barco por mares turbulentos sem bússola e mapas, navegando até encontrar terra firme, com a enorme responsabilidade de atracar com segurança.

Tudo isso simplesmente porque estamos levando junto as nossas esperanças e medos, nossos maiores e mais preciosos tesouros — nossa família e nossos amigos — que carregamos sem dar-lhes opção, às terras de um novo mundo e sem retorno.

Nesse barco, entramos de olhos vendados, confiantes de que acharemos uma solução e que sobreviveremos às tempestades.

A sobrevida é maravilhosa, porque em terra firme, descobrimos que milhões de mulheres percorreram o mesmo caminho, da mesma maneira, diferenciando-se somente o nome das embarcações que somos obrigadas a pegar sem mesmo saber com qual nome foram batizadas!

Então, minha amiga, se você chegou até aqui é porque se identificou com alguma de nós, descobriu que sua história pode ser muito parecida, que sua vida está repleta de esperanças e sua alma cheia de anseios.

Cada uma de nós tentou escrever sua história, não na íntegra, piegas, mas na concepção de que podemos atravessar pelas divergências que a vida nos proporciona, que podemos dedicar nosso tempo para reconstruir nossas vidas, que devemos lutar sempre, para vencer mais uma batalha.

A grande vitória não se dá só quando estamos determinadas a cumprir nossa missão, não importando qual seja, mas na volta ao lar, à família, aos amigos e à nossa rotina.

Este retorno nos coloca numa posição total de controle sobre nossas vidas, sobre nossos "EUS" que ditarão nosso encontro com nosso novo personagem, cheio de energia e perspectivas positivas, somadas à nossa antiga imagem.

Esse encontro sempre é positivo e gratificante!

Minha amiga, sabe o que mais me acrescentou este trabalho?

Descobrir minha capacidade de poder expressar meus sentimentos em prosa e verso, minha alegria de poder compartilhar minha história e colaborar para que o trabalho, no final, fosse grandioso e vencedor.

Fiz novos amigos.

Deliciosos amigos da dor, da esperança, da vida, dos desencontros e, finalmente, dos encontros.

Obrigada, minhas queridas amigas, que me ajudaram a escrever este livro, que deram parte de suas vidas para que pudéssemos fazer algo maior, construir um laço de confidencialidade e cumplicidade, edificar uma esperança para aquelas que ainda estão vindo!

Obrigada à nossa família, que continua ao nosso lado, incondicionalmente!

Amo todas vocês, tia Caia, Ma, Marina, Renata, Alessandra, Claudia, Luisa, Maris, Mônica, Mo, Cristina, Sandra, Cláudia e Soninha.

Um beijo grande a todas as mulheres lutadoras e sempre vitoriosas!

O CÂNCER E A RESSURREIÇÃO

PRISCILA MENEGON CASTRUCCI CAVIGLIA

Através da leitura destes depoimentos tão contagiantes, podemos perceber que algo universal acontece diante da descoberta de um câncer.

Receber um diagnóstico, qualquer que seja, é sempre um marco na vida da pessoa. Toda a programação feita até este momento desmancha-se diante dos olhos como pedra de açúcar em água!

Algo totalmente indesejado invade a pessoa, e passa a dominá-la! Além da doença tornar-se imediatamente a prioridade dos pensamentos, sentimentos, ações e reflexões, também impõe o abandono da rotina e o desapego do controle sobre si mesmo.

Ficamos reféns de um funcionamento que não reconhecemos como "nós", mas que vem de nós e parece mais forte do que nós. Interfere em nossas relações familiares, profissionais e sociais.

Mas, o mais complicado é que altera a relação comigo mesma. Como posso confiar em mim, se sou capaz de produzir meu maior "inimigo"!

Encontramos em *Psiquiatria Junguiana*, de Heinrich C. Fierz, o seguinte comentário:

> "[...] Quanto mais temos que lidar com pessoas doentes e doenças, mais evidente se torna que ficar doente e estar doente representa, para a pessoa em questão, a invasão de um poder sinistro que se apodera dela e de seus parentes. Através da doença, que é mais forte do que a vontade humana, algo é impingido às pessoas envolvidas, algo que é, desde o início, totalmente contrário aos seus desejos e intenções, e que obedece a leis próprias." (FIERZ, 1997, pp. 296-97)

Enfim, adoecer é ser confrontado com uma parte de mim que não conhecia, não me identifico e que passa a modificar tudo que construí e tanto prezo!

Mas, e quando esta doença é um "câncer"?

Câncer é uma célula que resolve multiplicar-se intensa e autonomamente, alterando o funcionamento do órgão de origem e, com o tempo, invadindo outros tecidos! E sem me consultar!

Esta doença recebe o nome de câncer em razão de sua semelhança morfológica com o caranguejo, animal aquático envolvido em uma carapaça protetora.

Se consultarmos o *Dicionário de Símbolos*, encontraremos:

> "O caranguejo, como inúmeros outros animais aquáticos, está ligado, paradoxalmente, aos mitos da seca e da Lua. Na China, ele é associado ao mito de Niu-tch'e, que foi queimado pelo Sol. Os caranguejos são o alimento dos espíritos da seca. Seu crescimento liga-se às fases da Lua...
>
> Na Índia, o caranguejo é o signo zodiacal de Câncer, que corresponde ao solstício do verão, início do movimento descendente do Sol...
>
> Entre as populações de Kampuchea (Camboja), o caranguejo é um símbolo benéfico. Obter um caranguejo em sonhos é ver todos os desejos realizados.
>
> [...] Na tradição dos Munda de Bengala, [...] o caranguejo foi enviado pelo Sol, deus supremo, esposo da Lua, para trazer a terra do fundo do oceano. (EILT, 122)"
> (CHEVALIER, JEAN; GHEERBRANT, ALAIN, 1994, p. 186)

No mesmo dicionário, encontramos a respeito do signo de Câncer a seguinte observação:

> "[...] Com o Câncer, surge todo um universo aquático; apresenta-se como o símbolo da água original: águas-mães calmas e profundas da fonte murmurante, passando pelo leite materno e pela seiva vegetal... Ao espírito das águas associa-se estreitamente um valor de coisa interna, íntima ou interior, a relembrar que os esboços e prefigurações da vida em fase de renascimento — germens, fetos, e brotos — estão circundados por conchas, matrizes, cascas e invólucros, todos eles destinados a resguardar o poder de ressurreição encerrados nessas couraças."
> (CHEVALIER, Jean; GHEERBRANT, Alain, 1994, p. 173)

Sabemos que apesar da origem comum (o ovo), cada órgão, cada tecido, cada célula se diferencia, adquirindo função diferente. Assim, podemos buscar o simbolismo específico de cada parte do corpo.

O seio é símbolo de proteção e contenção.

Está relacionado ao princípio feminino e à maternidade. Para Chevalier,

> "O seio é sobretudo símbolo de maternidade, de suavidade, de segurança, de recursos. Ligado à fecundidade e ao leite — o primeiro alimento —, é associado

às imagens de intimidade, de oferenda, de dádiva e de refúgio. Qual taça inclinada, dele, como do céu, flui a vida. Mas ele é também receptáculo, como todo símbolo maternal, e promessa de regenerescência. A volta ao seio da terra marca, como toda morte, o prelúdio de um novo nascimento." (CHEVALIER, Jean; GHEERBRANT, Alain, 1994, p. 809)

O intestino, por sua vez, é considerado contenedor de poderes mágicos, e objeto de desejo de monstros e demônios. Está relacionado à "grande obra", à primeira criação: a evacuação. Em linguagem popular, evacuar é obrar.

Os excrementos:

"Considerados como receptáculos de força, [...] simbolizam uma potência biológica sagrada que residiria no homem e que, mesmo depois de evacuada, ainda poderia, de uma certa maneira, ser aproveitada. E, assim, aquilo que na aparência é uma das coisas mais desvalorizadas, seria, ao contrário, uma das mais carregadas de valor: as significações do ouro e do excremento estão unidas em muitas tradições [...]" (CHEVALIER, Jean; GHEERBRANT, Alain, 1994, p. 411)

Já a tireoide, é uma das principais glândulas do corpo humano. Os hormônios por ela produzidos atuam em praticamente todas as células. São os comunicadores universais do corpo, responsáveis pela sua integração.

Morfologicamente, assemelha-se à uma borboleta cujo simbolismo:

"[...] se fundamenta nas suas metamorfoses: a crisálida é o ovo que contém a potencialidade do ser; a borboleta que sai dele é um símbolo de ressurreição [...] Um simbolismo dessa ordem é utilizado no mito de Psique, que é representada com asas de borboleta." (CHEVALIER, Jean; GHEERBRANT, Alain, 1994, p. 138)

Estas ampliações já apontam para uma mudança específica, relacionada ao retorno à origem da vida, e encontro com o poder renovador, com a ressurreição. Podemos compreender que esta transformação requer uma nova atitude diante do feminino, da criatividade ou da integração. É hora de voltar-se para nosso íntimo, e com muita honestidade, passar a limpo a maneira como estamos realizando nossos potenciais.

E o que a Psicologia Analítica pode nos dizer?

Jung observou a existência de reações idênticas em pessoas de qualquer época da história e em populações diferentes que não tinham relação entre si. Deu a estes padrões de comportamento inatos o nome de arquétipos. Eles estão no inconsciente coletivo, e desta forma presentes em todos nós ao nascer.

Trazemos também, em potencial, tendências individuais, dons ou dificuldades, que devemos desenvolver ao longo da vida.

Por esta razão, o inconsciente é considerado a matriz de toda a vida psíquica.

No centro do inconsciente existe um arquétipo chamado arquétipo central ou Self, que é o centro organizador e autorregulador da psique total.

O Self é quem impulsiona a formação da consciência, quem ampara seu desenvolvimento em direção à autonomia e independência e, quem, na segunda metade da vida, vem convidar ao reencontro e realização da identidade profunda.

O início da vida psíquica se caracteriza por inúmeras diferenciações que levam à formação das estruturas psíquicas. Vale lembrar que da nossa concepção como ovo, que é uma célula, diferenciam-se todos os nossos órgãos!

À medida que as polaridades vão sendo divididas, nos identificamos com um lado, rejeitando o outro. Assim, vamos formando o ego, que é responsável por administrar as demandas do mundo externo e do mundo interno. Cabe a ele realizar, tornar real, todos as nossas capacidades.

Na interface entre o ego e o mundo desenvolve-se uma instância protetora, que chamamos de persona. Persona eram as máscaras usadas no teatro grego para indicar se o ator representava um papel alegre ou triste. Graças a ela podemos nos apresentar ao mundo preservando nossa intimidade.

Aquelas polaridades rejeitadas, as vivências desagradáveis, e tudo que o ego não pode absorver vão ficar reunidas formando o que denominamos sombra. Embora estes conteúdos estejam inconscientes, eles podem interferir com nossas atitudes e, frequentemente, nos colocam em situações difíceis!

Com o conhecimento do que é certo ou errado, do que é bem ou mal, do que devo ou não, somos capazes de resolver muitas questões da vida. Conseguimos nos inserir no mundo, construir uma família, uma carreira, um patrimônio.

Mas ao nos aproximarmos da segunda metade da vida, o Self passa a convidar a consciência a mudar de direção e voltar ao seu encontro.

Jung observou que para todas as pessoas há um momento em que se deve iniciar o caminho de retorno. O Sol chega ao ápice ao meio dia, e então começa a voltar para o horizonte, onde mergulhará numa viagem noturna ao fundo do mar e nascerá renovado, na manhã do dia seguinte. Assim, também nós, ao alcançarmos o ponto máximo de distância entre consciente e inconsciente devemos iniciar o retorno à origem, o inconsciente.

A partir desse momento, tudo que foi separado começa a reaparecer, demandando nova síntese. Inicia-se um verdadeiro "passar a limpo" de nossas vidas. Os potenciais até agora adormecidos serão acordados pelo príncipe encantado, para o casamento, o casamento interno.

Ao girarmos para dentro, quem primeiro vem ao nosso encontro é o que acreditamos que somos. Aquelas características que todos reconhecem em nós, a persona. Retirá-la nos faz sentir despidos, porém esta roupagem já não nos serve, já não expressa adequadamente nossos sentimentos.

Em seguida, vem a sombra, ou seja, tudo aquilo que não reconhecemos como nós, e que frequentemente vem nos importunar. É aquela "outra", que agora quer dominar, quer meu lugar e que não posso vencer. Aos poucos, porém, ela mostra que traz algo que preciso aprender.

Depois, temos que nos unir aos atributos que deixamos para o masculino.

Em geral, surgem imagens do sexo oposto que serão psicopompos para o grande casamento: a *coniunctio major* entre consciente e inconsciente. A estes arquétipos damos o nome de *animus* à imagem contrapartida masculina na mulher e de *anima* à contrapartida feminina no homem.

O resultado desta síntese é o filho, que difere dos dois, embora traga a ambos, em uma combinação única.

Este, em geral, nos conduz ao encontro com a totalidade, com o centro do inconsciente. É a volta à origem, onde começa a vida nova.

E mais, depois do "meio dia", passamos a ser confrontados com dilemas mais complexos, que requerem soluções individuais, específicas, que contemplem as circunstâncias pessoais.

Só conseguimos responder adequadamente se conhecermos o que faz sentido para nossa vida, como um todo, para nossa missão.

Nesse caminho de volta, a consciência continua ampliando-se, e aproximando-se cada vez mais de sua identidade profunda. Isto é, aquilo que deve realizar, deve ser.

O guardião destes segredos é o Self. Portanto, a consciência agora deseja esse encontro Já está apta a entender que suas vontades só fazem sentido se alinhadas às dele.

A meta da vida é nos transformarmos em pessoas melhores, inteiras, sem divisões. E é mister reunirmo-nos também com o Self, de onde saímos.

É fácil perceber a analogia entre a relação ego-self e a relação homem-Deus. Qualquer que seja a conversão pessoal, o importante é a busca pela religação, em latim *religare*, que significa religião.

Esse movimento de religação também acontece espontaneamente às pessoas e por isso é considerado arquetípico, universal.

Os depoimentos que lemos aqui enriquecem sobremaneira esta descrição teórica.

Entendemos em que profundidade nos despersonalizamos! Como temos que nos desapegar de nossa maneira tão característica de estar no mundo. Nós, fortes, ativos, controlados, com planos tão bem traçados para curto, médio e longo prazo, não contamos com esta virada! E não sabemos o que fazer, dizer, contar... Muitas vezes, perdemos até nossa aparência, ficamos carecas, inchadas, amareladas... Esta é a experiência do "não me reconheço mais"!

Elas nos contam sobre o insidioso surgimento de outra identidade, que instiga, desafia, domina, confronta, conquista até nome próprio. Repentinamente, não tenho disposição para sair, para falar, não telefono mais e até mando dizer que não estou. Agora, além de não ser eu, virei a outra. Mas, ao final, descobrimos que ela, a outra, tem novas soluções, e me permite aprender coisas que nunca imaginei.

As demandas dos filhos, familiares, amigos e profissionais exigem criatividade! Não podemos mais repetir as verdades antigas, nas quais deixamos de acreditar. Nem podemos deixá-los sem resposta. Então, precisamos fletir-nos, refletir sobre cada situação, inserindo-as em contexto maior. Assim, novos conceitos, novas combinações, novas verdades internas vão se revelando. Encontramos novas formas de transmitir aquilo que preenche nossa alma agora.

Ao longo das histórias, percebemos como cada uma foi redefinindo o sentido de suas vidas, e encontrando maneiras diferentes de entender e realizar suas missões.

Para quase todas a fé se fortalece e se torna a grande arma para combater o câncer. É na reunião com Deus, no alinhamento das vontades humanas e divinas, que se mergulha nas águas murmurantes e que se encontra a ressurreição, até então guardada pela couraça.

Finalmente, compreendemos que este "câncer", este caranguejo que veio trazer a terra do fundo dos mares, veio também trazer aspectos da feminilidade, da criatividade, da psique esquecidos no fundo do inconsciente. Trouxe, encapsulado, o poder de ressurreição, a vida nova, a nova identidade. Uma identidade ampliada e mais preparada para responder aos desafios da vida.

Parabéns a todas!

REFERÊNCIAS BIBLIOGRÁFICAS

CHEVALIER, J.; GHEERBRANT, A., *Dicionário de Símbolos. Mitos, sonhos, costumes, gestos, formas, figuras, cores, números.* Rio de Janeiro. José Olympio Editora S.A., 1994.
FIERZ, H.K., *Psiquiatria Junguiana.* São Paulo. Paulus, 1997, pp. 296-297.

COLABORADORAS

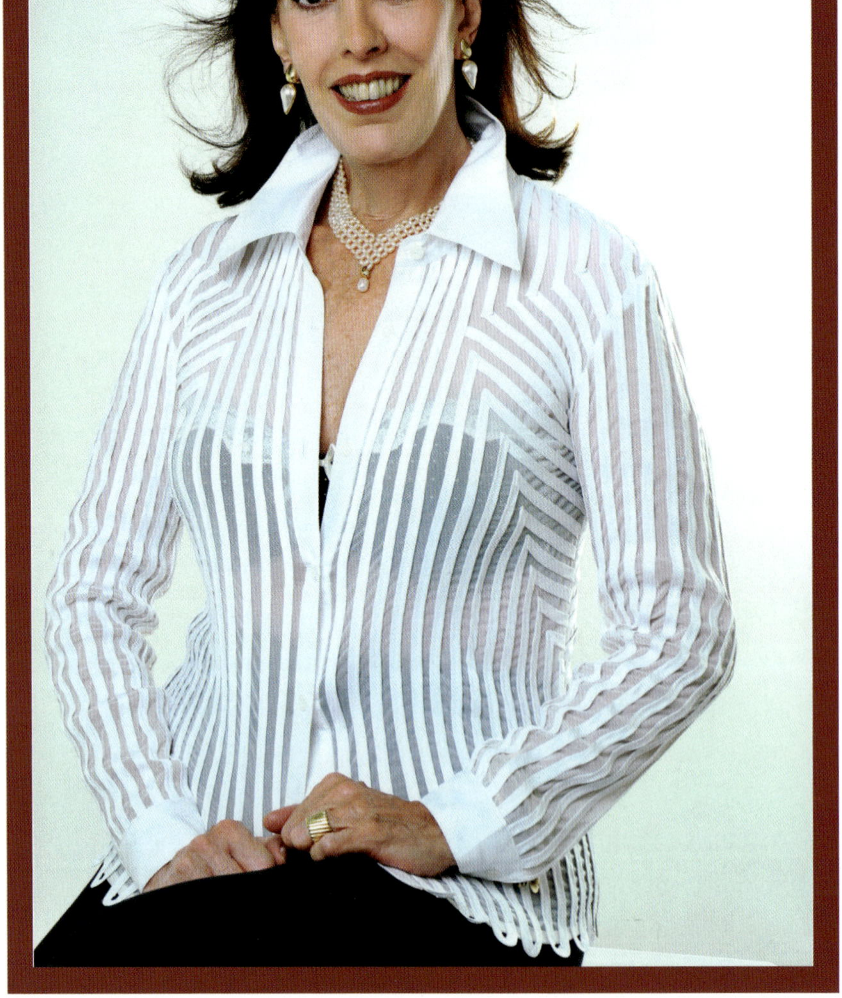

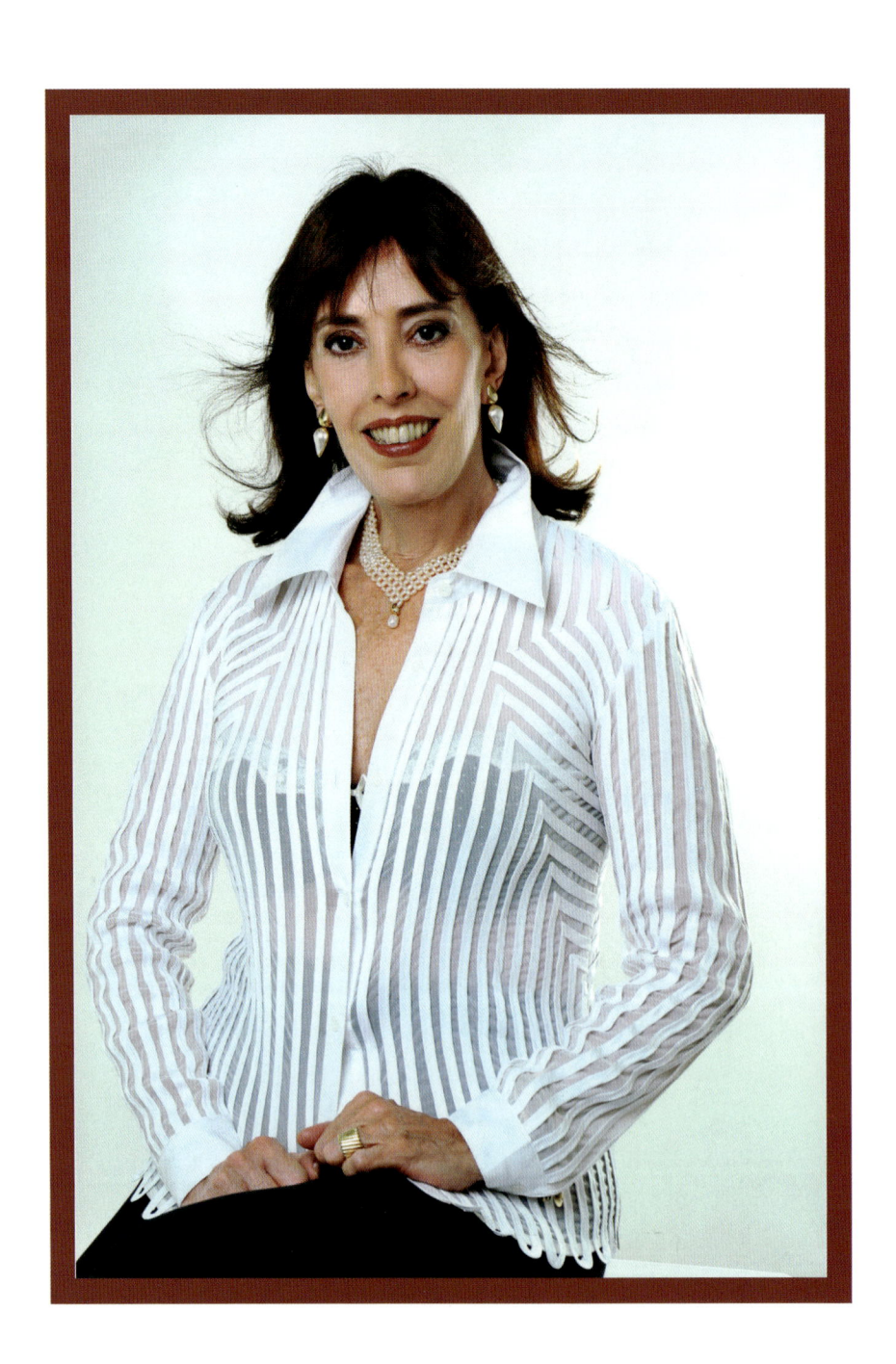

Colagens

LUISA MARIA ALTILIO

As minhas razões para fazer tantas colagens...

Todas as minhas recordações de infância são amorosamente vinculadas a tesouras.

Fui uma criança séria e compenetrada, que passava horas brincando de recortar imagens coloridas de revistas, que na minha casa, precisavam ser escondidas para escapar das minhas mãozinhas, ávidas para engrandecer um acervo precioso de papel, metodicamente organizado numa infinidade de caixas.

Através dos anos, que já foram tantos, fui desenvolvendo habilidades e aprimorando técnicas. Hoje, picar papel, cortar, recortar, colar, descolar, fazer, e depois insatisfeita, desfazer, fazendo tudo outra vez, é o meu deleite no auge da maturidade.

Várias tesouras, estiletes, réguas, esquadros, colas, pranchetas e uma pilha de revistas, silêncio ou música clássica, o tempo de um final de semana preguiçoso, de uma noite insone, de uma tarde dissidente e isolamento voluntário, é do que preciso para que meus olhos treinados vejam o potencial intrínseco de palavras esparsas, sem compromisso poético ou esotérico, perdidas, aqui e ali, disponíveis, pedindo outro sentido, e assim vou compondo mensagens, alguns diálogos filosóficos, na paixão do meu desafio criativo e desordenado, semeando responsabilidades para os mais diversos significados, onde antes havia leviandade ou informação, manipulação ou amenidade, drama ou comédia, começa a transição para um jogo fascinante e lúdico, entre a compulsão de ordenar e a necessidade de interpretar, de me desvencilhar do tédio, de abraçar a loucura, para tentar ser contemporânea da minha alma, na inspiração profana de uma mente andarilha, nesse tempo que gosto tanto de perder, picando palavras de papel que vou encontrando em revistas esquecidas e descartadas.

Não tenho a pretensão de ser artista, porque artista a vida já me fez, minhas colagens também não são arte, porque anônima, tenho feito muita arte pelo mundo, minhas colagens são as diversificações de um único tema: variações obsessivas de uma mania incontrolável de picar papel!

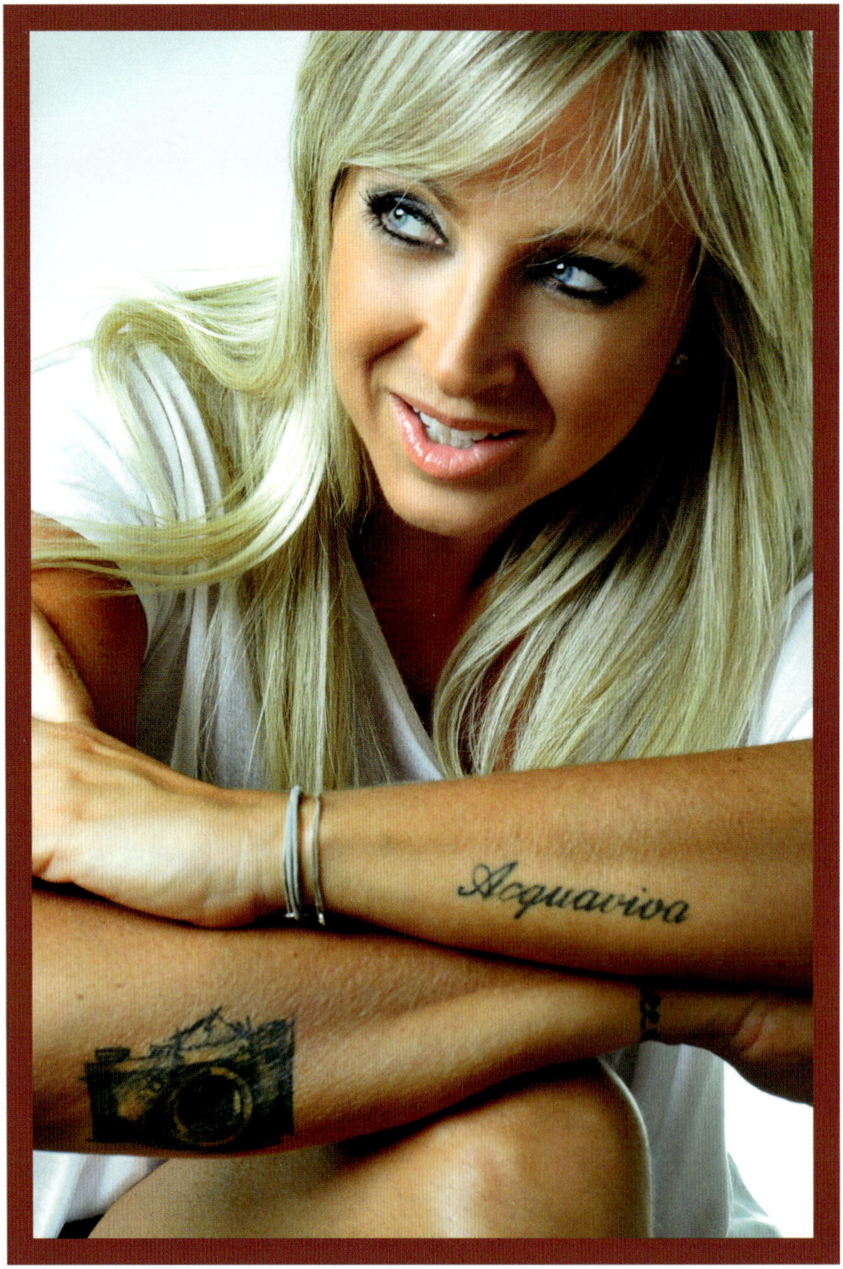
Acquaviva

Fotografias

MARISTELA ACQUAVIVA

Trabalhou como fotógrafa publicitária por 17 anos com grandes empresas na área de culinária, moda e arquitetura e still.

    Por cinco anos, se dedicou também ao trabalho elaborado de retratos e estilo, em seu estúdio Pictures & Co.

    Fez vários cursos no exterior, trabalhou em grandes estúdios fotográficos, revistas, jornais e assessoria de imprensa.

    A maturidade e experiência lhe trouxeram o aguço pelo artístico, um trabalho com luzes e percepção da essência do ser humano, onde se descobriu como artista da alma.

    Sua paixão acabou por criar parcerias para tentar relatar a vida das pessoas em retratos que, por si só, já mostram essa linguagem, que mistura sensualidade e arte.

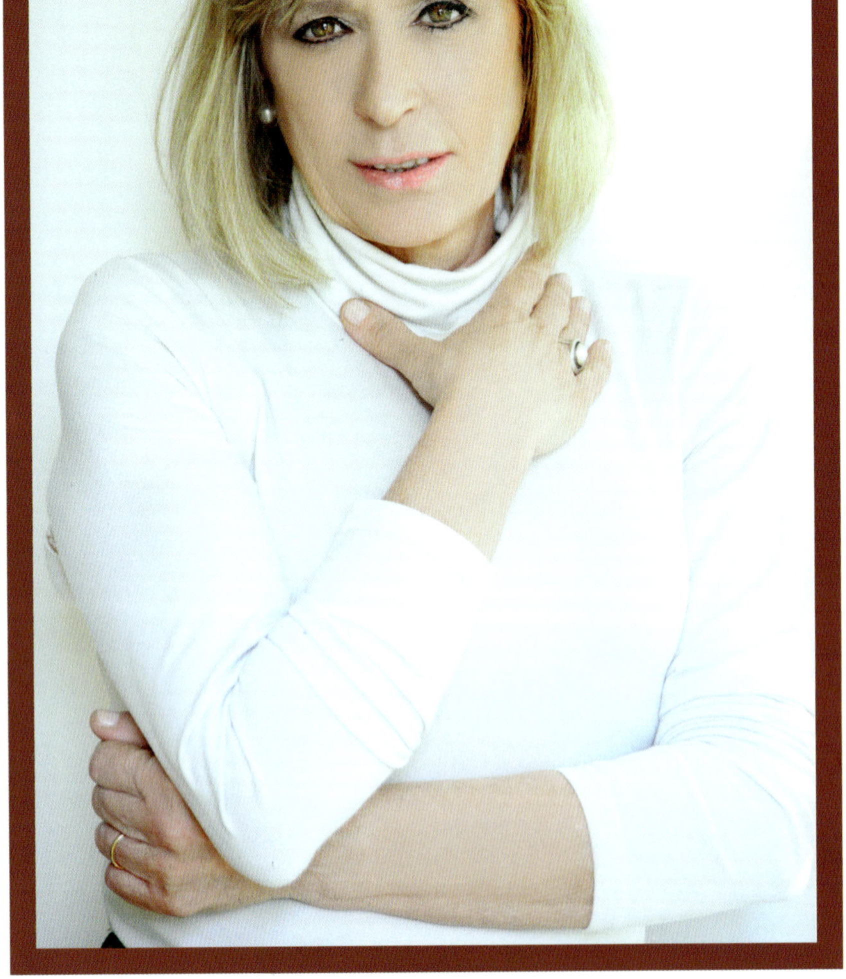

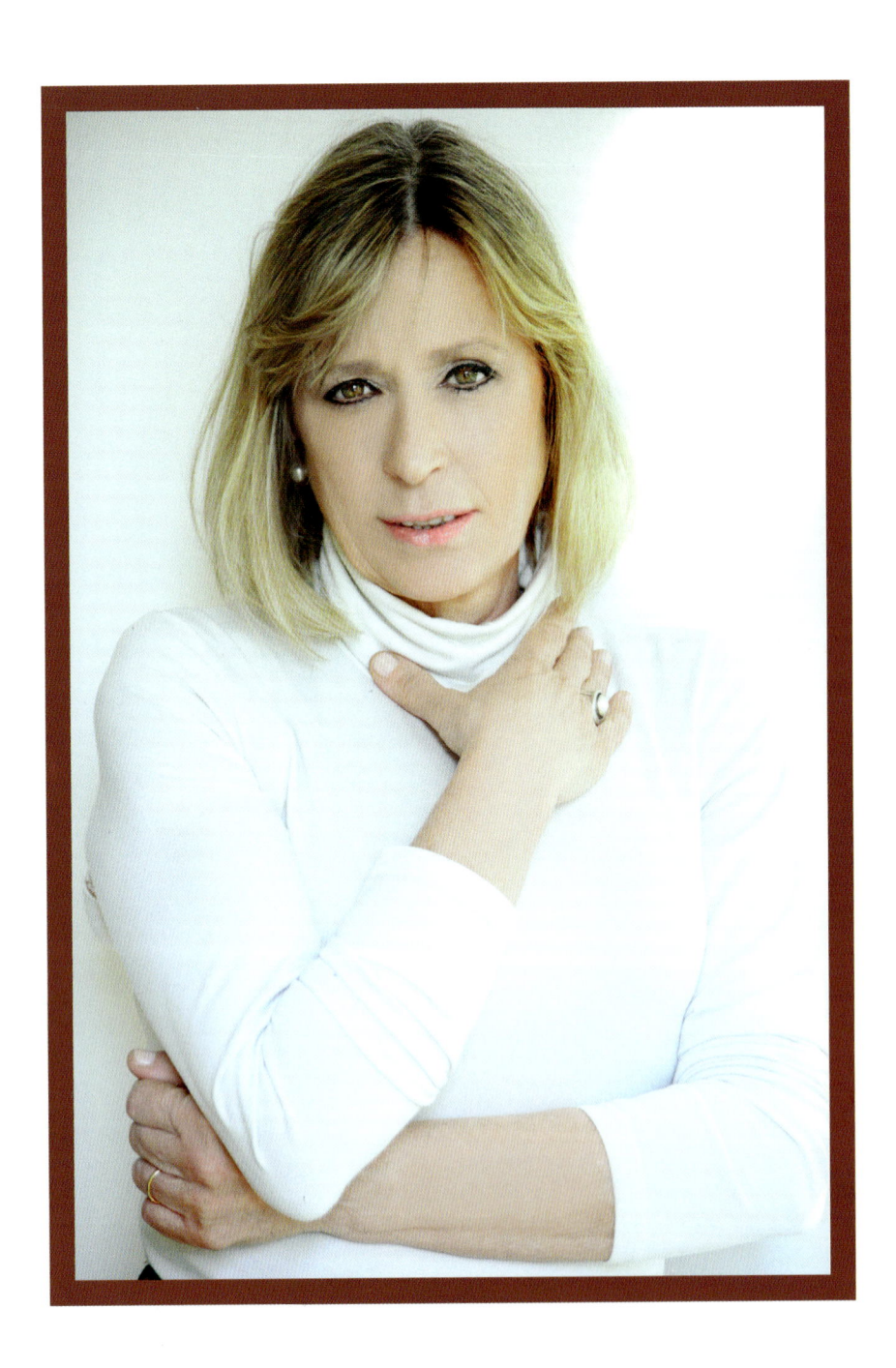

Análise Junguiana

PRISCILA MENEGON CASTRUCCI CAVIGLIA

Médica, psiquiatra, analista junguiana, membro da International Association of Analitical Psycology – IAAP desde 1989, membro fundador da Associação Junguiana do Brasil – AJB, membro fundador do Instituto Junguiano de São Paulo – IJUSP.